महक काव्यादर्श

रितिक शुक्ला

First Published in March 2022

ISBN: 978-93-5472-806-8

BLUEROSE PUBLISHERS

www.bluerosepublishers.com

info@bluerosepublishers.com

+91 8882 898 898

Cover Design:

Geetika

Typographic Design:

Namrata Saini

Distributed by: BlueRose, Amazon, Flipkart

लेखक परिचय

नाम - रितिक शुक्ला

जन्म - १० जुलाई २००३

जन्म स्थान - दतौली, फतेहपुर, यूपी

शिक्षा - १०वीं (२०१९)

१२वीं (२०२१)

अक्सर आवाज टूटने की होती है,
मानकर फिर रूठने की भी होती है,
हमारे हृदय में तो कोई एक ही रहेगा, बाकियों से तो सिर्फ छूटने की होती है।

गर्द से ढंके हर पुराने एहसास को शब्दों में कहने वाले रितिक शुक्ला ने सन् २०१४ के आस-पास काव्य लेखन की शुरुआत की। उन्होंने हिंदी के साथ-साथ अंग्रेजी भाषा में भी लेखन का कार्य शुरू किया, कविता लेखन की विधा को उनके सृजन कर्म में हमेशा प्राथमिकता प्राप्त रही। यह ४ वर्ष की आयु में शिक्षण हेतु अपने ननिहाल चले गए थे, तत्पश्चात ८ वर्ष वहाँ रहने के बाद अपने माता-पिता के पास वर्ष २०१४ में आए तथा अपना शिक्षण कार्य आगे बढ़ाया साथ ही पहली बार एक कविता लिखी और इसे आगे भी जारी रखा। सन् २०१९ में १०वीं की परीक्षा वा २०२१ में १२वीं की परीक्षा उत्तीर्ण की। इनकी कविताओं में भावात्मक और विचारात्मक ऊर्जा अटूट थी, यह ऊर्जा अनेकानेक कल्पना-चित्रों का आकार ग्रहण कर पाठक के सामने आ जाती है।

आभार

इस पुस्तक में रचनाओं को सम्मलित करना एक बहुत अच्छा अनुभव रहा जोकि बिना कुछ व्यक्तियों के शायद संभव ना होता।

सर्वप्रथम परिजनों के प्रति मैं कृतज्ञ हूं की उन्होंने इस लेखन के दौरान वा उसके पूर्व इस कला को लेकर मेरा साथ दिया जिससे यह और आसान बन गया।

भाषीय ज्ञान तथा लेखन संबंधित जानकारी प्रदान करने हेतु मैं अपने शिक्षकों के प्रति भी आभार व्यक्त करता हूं विशेषकर श्री रंजीत कुशवाहा जी को धन्यवाद करता हूं।

श्रीमती श्रद्धा तिवारी जी के प्रति मैं कृतज्ञ हूं पुस्तक निर्माण के दौरान तकनीकी सहायता, तथा इनके अनमोल विचार मेरे बहुत काम आए।

मैं अपने मित्र अर्चित अग्निहोत्री और रजत तिवारी के प्रति आभार व्यक्त करता हूं जिसने हमेशा मुझे लिखने के लिए प्रेरित किया तथा मेरे लेखन कार्य में नए नए विषयों का उन्मूलन भी किया।

साथ ही अपने प्रकाशन (ब्लूरोज पब्लिशर्स) के सभी मित्रों को मैं आभार व्यक्त करता हूं जिन्होंने इस पुस्तक को प्रकाशित करने में मेरा साथ दिया।

जिन्दगी क्यूं लगती है, अब मुझको बोझ यूं,
ख्वाब मेरे जो हो गए पूरे, लगते हैं अधूरे क्यूं।

महकने के लिए फूलों से दोस्ती करना आदत नहीं हमारी,
खुद फूल बन सारे जग में महकना फितरत है हमारी,
हुनर तो है बहुतों में पर चमकने की बारी है हमारी।

अनुक्रमणिका

मानो कल ही तो था

मानो कल ही तो था,
में आपके पास, बहुत पास,
वो रोज सुबह प्यार से उठाना,
पूंछना चाय पिएगा क्या।
मानो कल ही तो था,
वो गोद में सिर रखकर,
मेरा चैन से सो जाना,
पूंछना सब ठीक है ना।
मानो कल ही तो था,
वो अनजान सड़कों पर,
आपके साथ घूमना,
कहना निरा फट्टू हूं,
धीरे चला गाड़ी।
मानो कल ही तो था,
में अपनी उसी दोस्त,
उसी मां के पास,
जो देती है हमेशा मेरा साथ।

मानो कल ही तो था,
कभी दीदी तो कभी मैडम बुलाना,
शाम होते ही चाय की चुस्कियां लेना,
वो शाम पांच बजे घड़ी को निहारना,
देखना की तेरी गाड़ी आई ना,

वो रातों में मेरा तेरे साथ चलना।
मानो कल ही तो था,
वो हर बात में मेरी चिंता करना,
पूंछना बेटा कहां है तू,
वो हर बात में तुझे परेशान करना।
मानो कल ही तो था,
मैं उन्हीं नजरों के सामने,
जिनसे आज दूर हूं,
चेहरा आंखों के सामने आता तो है,
मगर तू नजर नही आती,
क्यूं नहीं आती हो नजर,
क्या इतना बुरा हूं मैं।
मानो कल ही तो था,
वो मेरे लिए सब से लड़ना,
वो कहना की अब छोटा नहीं है,
वो डांट में भी प्यार जताना,
वो तेरा रात को मगर हो जाना।

मानो कल ही तो था,
वो नटखट अंदाज में बातें बनाना,
वो पपीता, सेब, और कीवी खिलाना,
वो सुई लगने पर आपका मम्मी चिल्लाना,
अपने खर्च होने की बात से हमें डराना।

मानो कल ही तो था।
लिखना तो और चाहता हूं,
मगर तेरे सामने रहकर,
क्या करूं हाथ भी नहीं चलते अभी।

मानो कल ही तो था,
में खुश बहुत खुश,
आज दूर हो गई वो खुशी भी मुझसे।

शक

हाज़िर हूं जवाबी हूं
क्या शौक ए अदब मेरा,
अपनों को तो अब है
शक हम पर ही गहरा।

हम करके वफ़ा फिर भी
इलज़ाम उठाते हैं,
वो हमको शराफत से
बेवफ़ा बुलाते हैं।
दिल की दीवारों पे बस नाम उन्हीं का है,
हम शौक से हर नखरे हर नाज़ उठाते हैं,
उनको फिर भी शक है
अब हम पर है पहरा,
दिल लूट लिया उस पर
एहसान चढ़ाते हैं,
हर पल जो गुजारा है
वो साथ भुलाते हैं।
अब खुद से मिलकर ही जीना हम सीखेंगे,
अपने ही मन की हम दुनिया को समेटेंगे,
ये प्यार भरा जीवन यूं कहीं नहीं ठहरा
जो प्यार से टूटा था उसे प्यार से जोड़ेंगे।

दोस्ती

दोस्ती दोस्त से होती है
किसी नाम से नही होती,

रूह से रूह का मिलन है ये
किसी काम से नही होती,

गलत क्या है और सही किसे
कहते हैं ये बतायेगा कौन,
सुकून, भरोसा, ख्याल, हमदर्दी
होता है क्या समझाएगा कौन,

मन का बोझ लेने वाला है ये
किसी चाम से नही होती,

दोस्ती तो जिन्दगी में उजाला है,
ये अंधेरी शाम सी नहीं होती।

संवरती रहे

वो गरजती रहे,
वो बरसती रहे,
मेरी जान है वो याद मुझे करती रहे।
ए खुदा तुझे इतनी सिफ़ारिश मेरी,
वो जहां भी रहे बस संवरती रहे।।

हो ना हैरान वो,
उसको एहसास दे,
में भी खुश हूं यहां, बस तेरे वास्ते।
जब भी मौका मिले, अपनेपन से उसे,
मेरी खातिर दुआएं भी करती रहे,
वो जहां भी रहे बस संवरती रहे।।

रोशनी दे गई,
मोम सी गल गई,
मुझको दरिया बना बर्फ में ढल गई।
उसको जीना पड़े ना बंदिशों में कभी,
कैद हो ना कभी वो महकती रहे,
वो जहां भी रहे बस संवरती रहे।।

सफर

स्वर्ण जयंती वर्ष मुबारक, जम कर साथ निभाया है,
रहें समर्पित मिलकर दोनों, प्रभु आशीष भी पाया है,
खट्टे-मीठे अनुभव देखे, साहस, धैर्य का साथ रहा,
दोनों ही हैं व्यवहार कुशल, ईश्वर पर भी विश्वास रहा।
याद करो दिन शादी का, दूल्हे के सर पे सेहरा था,
दुल्हन बैठी थी घूंघट में, रिवाज-धर्म का पहरा था,
विदा हुई छुक-छुक गाड़ी में, जियरा धुक-धुक करता था,
दूल्हा कौन, कहाँ जा रहे, मन कुछ सोच ना सकता था,
दुल्हन ने जब दूल्हा देखा, मिलकर आंखें चार हुईं,
दोनों के दिल एक हुए, दुल्हन पति के अनुसार हुई,
कठिन समय भी पार हुआ, हैं दोनों ने कर्तव्य निभाए,
एक-दूजे का सम्मान किया, संग प्यार के दीप जलाए,
देखे आदर्श नई पीढ़ी, गृहस्ती मिलकर चलती है,
परस्पर जब विश्वास रहे, हर बात सुहानी लगती है,
अब बच्चों को खुशियां देखें, वृद्धि करें, समृद्धि को पाएं,
घर-परिवार सुखी हों सबके, उन्नति पथ पर बढ़ते जाएं,
लंबा सफर कटा जीवन का, खुशी को बेला आई है,
सुखी, स्वस्थ, दीर्घायु रहें, हमारी बहुत बधाई है।

इंतकाम

सूरज नहीं हूं पर,
सूरज सी चमक है मुझमें
आग नहीं हूं पर,
आग सी दमक है मुझमें
जैसे दिन रात नहीं होता
बादलों के आ जाने से
वैसे ही वक्त को ललकारने वाला
सूरज हूं मैं
कायर नहीं जो जिन्दगी से.....

हार मान लूंगा
किसी के ठुकराने से
नदी नहीं हूं पर,
नदी सा बहकर दिखलाऊंगा
एक चिंगारी हूं मैं,
आग सी दह कर दिखलाऊंगा
रख लिया है मैने
दिल पर पत्थर आज अपने
मगर बहुत ही जल्द
एक दिन तेरी जिन्दगी में
हीरे सा कठोर

और सुनामी सा.....
तूफान बनकर आऊंगा
इसीलिए.....
आज तेरे नाम
इंतकाम का ऐलान करता हूं
जिस जिन्दगी को
कभी तेरे नाम किया था
वापस आज उसे
मैं अपने नाम करता हूं।

ग़ज़ल

कोई हमदम कोई हम जुबान ना मिला,
मुझको मेरा कहीं नाम ओ निशान ना मिला।

अपनी बेबसी हम कहां जाके जाहिर करते,
तेरे शहर में तो मुझे कहीं दीवान ना मिला।

जो चांद था चांदनी भी तो उसी की अमानत थी,
फकत एक अब्र को उसका आसमान ना मिला।

आवारों सा अंधेरी रातों से यारी कर ली हमने,
दिन की रोशनी में हमको यहां मकान ना मिला।

ताउम्र फकत एक मलाल रहेगा जहन में मेरे,
मुझमें तुझे तेरी जरूरत का कोई सामान न मिला।

ना तू भला ठहरा 'शुक्ला' ना तेरी सीरत भली ठहरी,
मुझे तुझ जैसा कहीं कोई बेहुद्दा इंसान ना मिला।

शौक़ ए मोहब्बत

इश्क जिसने भी किया वो दीवाना बन गया,
कूचा ए इश्क का बदनाम फसाना बन गया।

शम्मा से दिल लगाकर परवाने जब खाक हुए,
तब मोहब्बत का एक उसूल जान गवाना बन गया।

इसी दिल में जो सुराख करके तू चली गई कहीं,
उसी सुराख से रोज किसी का आना जाना बन गया।

हमसे ना पूछो कि हमने किस किसको खोया है,
हमने जिसको भी अपना समझा वही बेगाना बन गया।

जिस रोज से तू गुम हुआ है मेरे इन आंखों से जाना,
उस रोज से ये अंधेरों के समंदर का ठिकाना बन गया।

मेरे इस हाल पर तेरी कोई मेहरबानी तो नही,
पर तेरा जाना तो मेरी आवारगी का बहाना बन गया।

देखो शौक़ ए मोहब्बत इतनी बुरी भी नही है यारों,
जिसने भी मात खाई वो शायर ए जमाना बन गया।

मेज पर एक खाली जाम रखी थी तबियत से मैंने,
मेरी आंखों से क्या गिरा की ये पैमाना बन गया।

मोहब्बत के बाद उसने दोस्ती की तजविज भी रखी,
उस रोज से मेरे लिए मोहब्बत गुजरा जमाना बन गया।

उसने ये भी कहा की मोहब्बत में शिकायतें नही होती,
यारों इस रिश्ते का एक और उसूल दर्द छुपाना बन गया।

वीर सुभाष

स्वतंत्रता के महासमर के नायक वीर सुभाष नमन।
पराधीनता की कारा के स्वर्णिम मुक्ति प्रकाश नमन।।

बंग भूमि के हे सपूत हे लौह लाड़ले भारत के
पौरुष की प्रतिमा तुम पावन।
चिर प्रतीक के जन अभिमत के
पिंजरे के पंछी अंतर के विस्तृत मुक्ताकाश नमन।
पराधीनता की कारा के स्वर्णिम मुक्ति प्रकाश नमन।।

नायक आजाद हिंद फौज के महाक्रांति उद्घोष तुम,
हृदयों में जलती ज्वालाओं के चिर अक्षय कोष तुम,
कोटि-कोटि प्राणों की भाषा जन मन के विश्वास नमन।
पराधीनता की कारा के स्वर्णिम मुक्ति प्रकाश नमन।।

मुझे खून दो, आजादी दूंगा ऐसा मंत्र दिया तुमने,
देख विजय अभियान, लगा अंग्रेजों का शासन कांपने,
भारत के जीवनधर, वीर जवानों के उल्लास नमन।
पराधीनता की कारा के स्वर्णिम मुक्ति प्रकाश नमन।।

मुखौटे

कुछ कपड़े फटे हुए से हैं,
तन फिर से नोचा गया उसका।
मन को सबके झिंझोड़ गई वो,
क्या कहे अब कसूर था किसका।

सुना है शायद किसी अभागे मात-पिता की बेटी है!
आज फिर से एक अधनंगी लाश सड़क पर लेटी है!!

क्या गलती उम्र कि थी जो का ही टीन कभी तीस रही,
वो निकली क्यों बाहर सपने लेकर, जब रात घनी अंधेर रही।
क्यूं देख ना पाई अच्छाई के मुखौटे में छिपे उन गिद्धों को,
हवस के भूंखे भेड़ियों को, घिनौने नापाक दरिंदों को।

देह जला दी गई है लेकिन अब भी रूह सब सहती है!
आज फिर से एक अधनंगी लाश सड़क पर लेटी है!!

एक चीख तो निकली होगी ना, जब सरिया तन को चीर गया,
इंसा होकर भी कैसे एक इंसा को यूं बेदर्दी से मजबूर किया।
या थी तुम अभिमन्यु से बढ़कर, इस रणभूमि में चित्कार किया,
कलयुग की इस व्यथा को क्यूं हम सबने चुप रहकर स्वीकार किया।

छोड़ो अब लाज शर्म का घूंघट,
खुद शस्त्र उठाने को कहती एक मां, एक बेटी है!
वो जो आज फिर से एक अधनंगी लाश सड़क पर लेटी है!!

वाह-वाह क्या जोड़ी है

आज मैं देता हूं उस ईश्वर को बधाई
जिसने इतनी सुंदर जोड़ी है बनाई,
प्रेम, विश्वास, सर्वांगी विकास से
दुनिया तुम दोनों की खूब सजाई।

रवि तुम्हारी मांग में यूंही
चांद सितारे भरता रहे,
जीवन में सुखमय सपने
सदा-सदा संवरते रहें,
घर आंगन में सुमन प्रेम के
उगते रहें, महकते रहें।

प्यार तुम्हारा परवान चढ़े
सुख की धारा यूंही बहती रहे,
वाह-वाह क्या जोड़ी है
दुनिया हमेशा यही कहती रहे।

आदर्श प्रेम के दोनो तुम,
हार जन्म में एक दूजे में
इसी तरह को जाना तुम,
खुशियों में हे मित्र विशेष
हमको भूल न जाना तुम।

हम मांगते खुशियां सारी
मिलती रहे तुमको हर बारी,
ईश्वर सदा सलामत रखे
तुम दोनों की जोड़ी प्यारी।

मित्र मिले तुम दोनो ऐसे
फूलों की खुशबू हो जैसे,
तुम दोनों की छवि अति प्यारी
देते हैं तुम्हें दुआएं सारी।

ज्ञान दीप

इस युग पुरुष का कारवां सदा से चलता रहा
जो युगों की मांग को, शिक्षा से भरता रहा
यह कभी हारा नहीं, बाधाओं से लड़ता रहा
जिन्दगी भर पर्वतों से सामना करता रहा।

मुस्कुराओ, बढ़ते जाओ, सबसे ही कहता रहा
आसमां बन कर धारा पर छांव भी करता रहा
संकटों की धूप में नए फूल सा खिलता रहा
खुशबू बन कर जो हवा के साथ भी फिरता रहा।

ज्ञान के प्रकाश हेतु दीप बन जलता रहा,
जब अंधेरा छा गया तो रोशनी करता रहा
डूबने वालों को अपनी गोद में भरता रहा
जो नदी में नाव बन करके सदा तिरता रहा।

सच तो यह है सूर्य सा जो सदा चमकता रहा
सिर्फ शिक्षक है जगत में जो सदा जिंदा रहा
वक्त की तकदीर अपने हाथ से लिखता रहा
जो अनेकों रूप में, हर धर्म में मिलता रहा।

शिक्षक

कोरे कागज़ को पुस्तक बनाता है शिक्षक,
नन्हे पौधे को ज्ञान से सींचता है शिक्षक।
न खून के रिश्ते से बंधा होता है शिक्षक,
फिर भी अहम किरदार निभाता है शिक्षक।

जीवन को नए आयाम दिखाता है शिक्षक,
बालकों का सखा बन दुख हर्ता है शिक्षक।
अज्ञान के अंधेरे में दीप जलता है शिक्षक,
खेल-खेल में सदाचार पढ़ाता है शिक्षक।

हौसला देकर पथ में आगे बढ़ाता है शिक्षक,
कभी माँ बन नई-नई सीख देता है शिक्षक।
जिज्ञासा की लहरों को शांत करता है शिक्षक,
छिपी प्रतिभा को चार चांद लगाता है शिक्षक।

विद्यालय में खुशबू बन महकता है शिक्षक,
मंजिल की राह को आसान बनाता है शिक्षक।
बाल मन पर संस्कारों की छाप छोड़ता है शिक्षक,
पतझड़ में भी सीख की बारिश करता है शिक्षक।

पहचान

दिया आपने मुझे हर पल सहारा,
जब भी मैं खुद से हारा,
धैर्यता का आपने पाठ पढ़ाया,
हार संकट में जीना सिखाया,
ज्ञान दिया शब्दों का आपने,
समझना सिखाया भावनाओं को आपने,
नासमझ नन्ही कली सा ये मन,
शिक्षा के आंगन में खिलाया आपने,
जीवन के हर मोड़ में,
राह सही बताई आपने,
जीवन नौका बीच मझधार में,
उसे किनारा दिखाया आपने,
प्यार को जैसे मिलता पानी,
वैसे ही आपकी अमृत वाणी,
पहुंच जायेंगे जब मंजिल को सब,
स्मरण होगा फिर अतीत का तब,
बताई आपने अच्छे बुरे की पहचान,
करूं मैं आपको सत-सत प्रणाम।

नमन

चिंतन किया जब प्रथम गुरु का,
मां का चेहरा मेरा सामने आया,
बातों ही बातों में मां ने हमको,
शब्द ज्ञान से परिचय दिलाया,
जन्म लिया तब मूक थे हम,
मां ने ही हमें बोलना सिखाया,
कभी सुनाई परियों की कहानी,
पौराणिक कथा का ज्ञान कराया,
क्या है अच्छा, क्या है बुरा,
सबसे पहले हमें मां ने बताया|

चिंतन किया जब द्वितीय गुरु का,
पिता का चेहरा सामने आया,
पकड़कर अंगुली पिता ने हमको,
आत्मनिर्भरता से चलना सिखाया,
जब-जब ठोकर खाई हमने,
पिता ने स्वयं ही उठना सिखाया,
परिस्थिति हो चाहे जैसी भी,
उन्होंने हमारा विश्वास बढ़ाया|
चिंतन किया जब तृतीय गुरु का,
शिक्षकों का चेहरा सामने आया,
सारे विषय से अवगत कराकर,
हमारा संपूर्ण ज्ञान बढ़ाया,

भेदभाव ना रखा छात्रों में कभी,
मिलके रहने का पाढ़ सिखाया,
तराश कर हमारे गुणों को उन्होंने,
हमको योग्य प्राणी है बनाया,
नमन है मेरा सभी गुरुओं को,
जिन्होंने हमें गुणवान बनाया,
धन्य हुआ मेरा यह जीवन,
मैंने महान गुरुओं को पाया।

झूठे हिसाब

शराफ़त का पहने हैं वो नकाब,
संभल कर रहिए जरा आप जनाब।

ईर्ष्या द्वेष का जहर मन में छिपा,
शक्कर बातों में घोले वो बेहिसाब।

झूठ का तानाबाना बुना हर तरफ,
छिपकर के सच को समझ बैठे कामयाब।

झूठ की उम्र होती है छोटी बहुत,
बहायेगा एक दिन इसको सच का सैलाब।

दूसरों को गिरकर, मंजिल मिलती नहीं,
ठोकर मिलने पर टूटेंगे झूठे सारे ख्वाब।

सच का दफन ना कोई कर पाया है,
खिलेगा बीच काटों के फिर से गुलाब।

सबका हिसाब होता रब के दरबार में,
क्या बोलोगे जब मांगेगा खुदा इसका जवाब।

आंसुओं का दरिया

जाने कहते हैं क्यों लोग यह,
जल की कमी है इस दुनिया में,
सुखा चारों ओर छाया है,
हमारी आंखों में बसा समंदर
उदासी का घना साया है,
दर्द के बदल उठे है दिल में
नैनों में तूफान भर आया है,
बहती धार आंसुओं की ऐसे
जैसे सैलाब कोई आया है,
जाहिर ना किसी को होने दिया
मुस्कुराहट का इंद्र-धनुष बिछाया है,
अपनी हंसी के पीछे हमने,
इन आंसुओं का दरिया बनाया है।।

ईद मुबारक

चाँद दूज का देखकर, जागी है उम्मीद।
गले मिले सब प्यार से, कहें मुबारक ईद।।

मौमिन का संदेश ये, देता है रमजान।
नेकी और जुलूस का, मौला का फरमान।।

जर्रे-जर्रे में बसा, राम और रहमान।
शिखलाते इंसानियत, पूजा और अजान।।

मर्म बताते धर्म का, गीता और कुरान।
सारे प्राणी धरा के, ईश्वर की संतान।।

खुदा जिसके आदेश पर, चलता सकल जहान।
बंधन में रहता नहीं, खुदा और भगवान।।

सारी पोथी धर्म की, करती है ताक़ीद।
जिसके मन में प्यार है, उसके सभी मुरीद।।

दुनिया के बाजार में, सौदा खरा खरीद।
लाते हैं उल्लास को, होली-क्रिसमस-ईद।।

मज़हब चाहे कोई हो, करना सबका मान।
भाईचारे से बने, अपना देश महान।।

चाहे कुछ भी नाम दो, देश-काल अनुरूप।
मक़सद केवल एक हैं, अलग-अलग हैं रूप।।

गौरैया

अंधाधुंध विकास से,
गौरैया हैरान।
अपने पूर्ण विनाश का,
लगा रही अनुमान।।

जंगल कट कर बन गए,
बहुमंजिल के फ्लैट।
गौरैया के घोंसले,
करते मटियामेट।।

दूषित जल विषमय हवा,
नहीं अन्न तरु ठूंठ।
जाना ही था एक दिन,
गौरैया को रूठ।।

गौरैया है चाहती,
रहे मनुज के पास।
लेकिन मानव छीनता,
उसके निज निवास।।

खुश रहती हर हाल में,
कितनी है जीवंत।
गौरैया को लग रहे,
बारह मास बसंत।।

ची-ची कर फुदकी फिरी,
आंगन में कुछ देर।
गौरैया बन आ गई,
ज्यों बेटी पगफेर।।

जब से गौरैया गई,
सूना है दालान।
चूं-चूं के स्वागत बिना,
रूठा लगे विहान।।

क्या हकीकत है वो...?

मेरे ख्वाबों में आए, रंगों से सजाए,
फिर खयालों में आए, मेरी नींद उड़ाए,
रोज सपनों में आए,
क्या हकीकत है वो...?
रूप ऐसा सुहाना, कर दे दिल को दीवाना,
मिलना चाहूं मैं उनसे, रोज करके बहाना,
जब वो सामने आए, चांद भी शरमाए,
रोज सपनों में आए,
क्या हकीकत है वो...?
उसके गाल गुलाबी, कर दे दिल को शराबी,
याद आते ही उसकी, बढ़ रही बेताबी,
यह जो ठंडी हवाएं, याद उसकी दिलाएं,
रोज सपनों में आए,
क्या हकीकत है वो...?
हाए नशीली वो आंखें, कर रही जैसे बातें,
लाखों आफताब जैसे, उसकी नजरों में समाते,
जब वो पलकें उठाए, मेरी सुबह खिल खिलाए,
रोज सपनों में आए,
क्या हकीकत है वो...?

मां

मां की गाथा सुनो ओ लोगों, आज इसे मैं सुना रहा
क्या होती है मां इस जग में, आज इसे मैं बता रहा!
एक देवी जो जनकर हमको, इस दुनिया में लाती है
कोख में अपने रखती है, और अपना दूध पिलाती है!

नवजीवन मां ही देती है, इनका तुम सम्मान करो
सब देवों से पहले अपनी, मां को तुम प्रणाम करो!

अपनी मां को दुःख न देंगे, आज से तुम ये ठान लो
मां से बढ़कर कोई न दूजा, आज से इसको मान लो!
गर मां के दिल को कभी किसी ने, थोड़ा भी दुखाया है
बहुत बड़ा बनने पर भी, चैन कभी ना पाया है!

मां ही पालन करती है, इनका ना अपमान करो
इस दुनिया में सबसे ज्यादा, मां का तुम सम्मान करो!

अपना जीवन छोड़कर, मां ही ने उठाया है
जीवन के हर कदमों को, मां ही ने बढ़ाया है!
तेरी हर गलती को भूल, करती रही तुझे कबूल
अपना जीवन कांटा और मानी तुझे ममता का फूल!
मां तो हर कुछ कर ही दी है, अब तुम भी कुछ एहसान करो
अपनी खुशी लेने के खातिर, मां को ना परेशान करो!

मां की बारी खत्म हुई अब, तुम भी तो कुछ काम करो
इनके त्याग को भूलो मत, तुम भी सुख कुर्बान करो!
जितना भी कर सकते इनपर, निश्चित इसको करना तुम
कुछ भी देना पड़ जाए तो, इससे भी न डरना तुम!

मां की खुशी के खातिर अपना हर कुछ तुम कुर्बान करो
इस धरती पर सबसे पहले मां को तुम प्रणाम करो
सब देवों से भी पहले, मां को तुम प्रणाम करो।

रंगदिवस

रंगों को आज नवजीवन मिला,
जब उनका पानी से मिलन हुआ
पुलकित है अंदर ही अंदर उनका मन,
अगाध स्नेह सह प्रेम जब से प्रेम।
प्रलाप करते दोनों मिल आज,
हम दोनों के बीच ये कैसा राज
तुम रंगहीन और मैं भी सुखी हूं,
मिलने से सभी के चेहरे खिले आज।
ब्रज में हमारी ही सबको अनुराग है,
होली में ब्रज ही काशी और प्रयाग है
भाग्यशाली है हम की प्रयोग में आते है,
सदा संसार रंगीन रहे, यही हमारा प्रयास है।
श्वेतावर्णा भी हमारे सामने शीश नवाए,
हम दोनों की कीर्ति के स्वतः यश गाए
प्रफुल्लित वो भी हो रहा अपने कर्मों से,
अनहद प्रकृति वाले स्वरूप की मूर्ति बनाए।
जन-जन तक हमारा यही संदेश है,
दूरियां मिटाए क्योंकि कोई न द्वेष है
`ऋतिक' भी प्रेम से खेले रंगदिवस होली,
आज सबके बीच केवल प्रेम ही निवेश है।

होली

होली का ये खेल निराला,
खेल रहा हरे नर और बाला।
सबने खुद को प्रेम रंग में ढाला,
त्योहार मना रहे हैं रंगों वाला।
आओ सब साली और साला,
पीके सब भांग का एक प्याला।
लगा कर के रंग कोई आला,
सब को बनाए सकल का काला।
राम की बहिन रहीम की खाला,
विभाजन का नहीं है नाला।
एक दूसरे पर रंग जो डाला,
समा बन गया है मतवाला।
बजा कर चंग गाकर झाला,
फेंक दिया नफरत का भला।
दिया सबने रंगों का हवाला,
खुल गया किस्मत का ताला।

होली के हुरियारे

शांतिदूत बन कर आ जाए, होली के हुरियारे सब।
जग में भाईचारा लाएं, होली के हुरियारे सब।।

घृणा बैर भाव जल जाए, होली के अंगारों में।
वसुधा को परिवार बनाए, होली के हुरियारे सब।।

होली की गुझिया को छूकर, मीठी-मीठी चले हवाएं।
जग में प्रेमसुधा बरसाए, होली हुरियारे सब।।

होली के रंगों के संग में, खुशियों की बौछार करे।
सबको हँस कर गले लगाएं, होली के हुरियारे सब।।

रंग रसायन हानिकारक, बिकते जो बाजारों में।
इनको ज़रा ना हाथ लगाए, होली के हुरियारे सब।।

खान-पान की चीजों में, तनिक मिलावट भी होती।
खुद खाएं ना हमें खिलाएं, होली के हुरियारे सब।।

जिंदगी और पतंग

आसान नहीं है ये जिंदगी का सफर,
यह सिखाती है जीने के अद्‌भुत ढंग,
आसमान में उड़ने वाला महज एक,
कागज़ का टुकड़ा तो नहीं है पतंग।

छूना चाहते हो बुलंदियां आकाश की,
तो जगाओ दिल में एक अद्‌भुत उमंग,
दृढ़ निश्चय कर उड़ो उन्मुक्त गगन में,
सारा आकाश तुम्हारा बतलाती पतंग।

अपनी डोर को तू बंधन ना मानना प्यारे,
नियंत्रित रहेगा जब तक यह है तेरे संग,
तू चाहे आजादी पर, मुझे ना कटने देना,
अपनी डोर से गुजारिश करती है पतंग।

जिस तरह जीवन में बाधाएं कम नहीं हैं,
आकाश में भी होगा पतंगों का घेरा तंग,
रहना तू मस्ती में मगर जरा संभल कर,
ना होना विचलित कभी समझाती पतंग।

पहुंचेगा ऊंचाइयों पर तो लोग डराएंगे तुझे,
विरोध, घृणा से समझ उनके असल रंग,
मगर तू फ़िक्र न करना, बस उड़ते रहना,
उत्साह से मन का विश्वास बढ़ाती पतंग।

तुझे झुकाने वा गिराने के प्रयास बहुत होंगे,
मगर न डरना, हौसला सदैव रखना बुलंद,
बहती हवाएं हर कदम तेरा स्वागत करेंगी,
नस-नस में अथाह जुनून जगती है है पतंग।

गर गिर जाए कभी, तो उठ दूने उत्साह से,
बुलाए आसमां पुनः उड़ नए प्रयासों संग,
चल प्यारे बुलंदियों को खुद है तेरा इंतजार,
`ऋतिक' हिम्मत कभी न हारना सिखाती पतंग।

ग़ज़ल – लोग

आशिकों को संभलना सिखाते हैं लोग,
बेसहारों को चलना सिखाते हैं लोग।
ये कलयुग हैं यहां किसी को किसी की परवाह नहीं,
यहां तो अंधों को आइना दिखाते हैं लोग।

खुद कहां पहुंचेंगे कोई ठिकाना नहीं,
मगर राहगीरों को रस्ता दिखाते हैं लोग।
अगर खुद का मकान जला तो रोते हैं वो,
दूसरे का जलने पर मुस्कुराते हैं लोग।

खुद के चमन पे एक बाल भी नहीं,
मगर दूसरों गंजा बताते हैं लोग।
ये खुद प्रभु स्मरण करते नहीं,
मगर दूसरों को नास्तिक बताते हैं लोग।

इनके पास तो कोई प्रतिभा नही,
मगर प्रतिभागियों को ढोंगी बताते हैं लोग।
तू सही राह पर चला है 'ऋतिक' कभी रुकना नहीं,
इसीलिए तो तुम्हे पागल बताते हैं लोग।

वो लड़कपन

वो मोहब्बत गई, वो फसाने गए,
जो खजाने थे अपने खजाने गए!

चाहतों का वो दिलकश जमाना गया,
सारे मौसम थे कितने सुहाने गए!

रेत के वो घरौंदे कहीं गुम गए,
अपने बचपन के सारे ठिकाने गए!

वो गुलेल तो फिर बना ले मगर,
अब वो नजर गई वो निशाने गए!

अपने नामों के सारे शजर कट गए,
वो परिंदे गए आशियाने गए!

जिद में सूरज को तकने की वो जुर्रतें,
यार आजाद अब वो जमाने गए!

तेरा मेरा साथ

सांवली सी इस ठिठुरती शाम में
यूं बारिश का आना,
याद दिलाता है वो
तेरा मेरे साथ वो गुजरा जमाना,
वो तेरे हाथों में छतरी
मेरा सर तेरे कांधे पर,
अदरक वाली चाय की
एक साथ जोर की चुस्की लगाना,
वो भीगी सड़क पर
मेरा छप-छप कर चलना,
और तेरा मुझे गाड़ियों से बचाना,
याद दिलाता है वो
तेरा मेरे साथ का गुजरा जमाना।
जवानी का वो अल्हड़पन
वो तेरा मुझे हक से कहना,
हरकत ना कर बचकाना
लड़कपन में छतरी से निकलकर,
वो पानी की बूंदों से खेलना

फिर कौंधती बिजली से डर,
मेरा तेरी बाहों में छुप जाना
याद दिलाता है वो
तेरा मेरे साथ का गुजरा जमाना।

हसरतें बेकाबू होती थीं,
जब तेरा मेरी जुल्फों से
गीली बूंदों को झड़ाना,
थरथराते जिस्म और
सांसों का गर्म हो जाना,
और तेरा मेरा बस
एक दूजे को देख मुस्कुराना,
याद दिलाता है वो
तेरा मेरे साथ का गुजरा जमाना।

यारों का रिश्ता

खून के रिश्तों से भी बढ़कर,
एक रिश्ता बड़ा ही खास है।

दिल से जुड़कर जो रिश्ता बने,
दोस्ती उसका नाम है।

तभी तो कृष्ण सुदामा की यारी,
पूरे जग में दोस्ती की मिसाल है।

ना छल ना कपट है इसमें,
केवल अर्पण का ही भाव है।

सुख-दुख में जो साथ निभाते,
दोस्त के लिए कुछ भी कर जाते।

जब अपने हमसे मुंह मोड़ लेते,
तब दोस्त ही अपना हाथ बढ़ाते।

सब कुछ ठीक हो जाएगा पागल,
तू फ़िक्र क्यूं करता हैं।

आंखें तब भर आती हैं,
जब गले लगकर वो कहता है।

हिम्मत रख मेरे यार तू,
में हमेशा तेरे साथ हूं।

सुख-दुख में जो साथ निभाए,
वही तो सच्चा दोस्त है।

मिले जो ऐसा दोस्त तो,
उस दोस्त की यारों क़दर करना।

कभी जो रूठ जाए वो तो,
प्यार से उसे मना लेना।

रिश्तों की एहमियत

चिट्ठियों के दौर में,
रिश्तों की एहमियत होती थी,

दूर रहकर भी वो,
अपनों को करीब ले आती थी,

कब आओगे घर आप,
अक्सर यही बातें होती थी,

हाल खबर पूंछते ही,
हमारी आंखें भर जाती थी,

कागज़ और कलम से,
दिल की हर बात बयां होती थी,

चिट्ठियों के दौर में,
रिश्तों की एहमियत होती थी।

सटीक

पुष्पों को संग सटीक पिरोकर, पुष्पमाल बन जाए।
तारों को भी सटीक पिरोकर, मत्सजाल बन जाए।

सुरों को कुछ सटीक प्रयोग कर, सुर साज बन जाए।
कंकर पे कंकर सटीक लगा कर, गिरीराज बन जाए।

बूंद से बूंद सटीक मिल जाए, जल सागर बन जाए।
हार घर अगर सटीक पास हो, नर भी नागर बन जाए।

भाषा का सटीक प्रयोग कर, शत्रु भी मित्र बन जाए।
रंगों का सटीक प्रयोग कर, गजब चित्र बन जाए।

सितारों की सटीक रेखा हो, तारापुंज बन जाए।
लताओं का सटीक साथ हो, लताकुंज बन जाए।

अग्नि से अग्नि सटीक मिले, अनल सविता बन जाए।
शब्दों का सटीक प्रयोग कर, सुंदर कविता बन जाए।

अल्पविराम

लो आ गया एक और अल्पविराम
ढलने को है साल की आखिरी शाम,
कुछ यादें, कुछ लम्हें, कुछ बातें
मुस्कान जी दे गए उन्हें सलाम।

कुछ पूरे हुए अधूरे भी होंगे चंद काम
मिला कहीं तो कहीं चुकाया दाम,
कुछ यादें, कुछ लम्हें, कुछ बातें
समय के अक्स पर छोड़ गए वो निशान।

तू ना रुकेगा कभी न करेगा विश्राम
आने वाला वक्त रहेगा तेरा चम चाम,
कुछ यादें, कुछ लम्हें, कुछ बातें
नव वर्ष में भी आएगी कई ऐसी शाम।

बड़ा दिन

देखो देखो बड़ा दिन है आया,
संता का है जादू छाया।

लाल रंग का है मौसम आया,
देखो देखो बड़ा दिन है आया।

लोग कहें यीशु का दिन है,
हम तो कहें मौज मस्ती अब हर दिन है।

नए साल के आगमन में,
अब सिर्फ छः दिन हैं।

लाओ एक बड़ा सा पेड़ लाओ,
लाकर उसे खूब सजाओ।

कहीं लड़ियां, कहीं घंटियां लगाओ,
फिर खूब सारे मोजे लटकाओ।

बच्चे खूब चहक रहे हैं,
क्योंकि उपहारों की राह देख रहे हैं।
चेहरों की चमक बढ़ती जा रही है,
क्योंकि पार्टी में मस्ती छा रही है।

सब जगह सर्दी के खेल,
गजक, मूंगफली, रेवड़ी का मेल।

किसी जगह जाम टकराए,
कहीं चर्चों में कैरोल गाएं।

यीशु का जन्मदिन सबको मुबारक,
भगवान रखे सबको सलामत।

तन्हाई

सुबह की नर्म धूप में,
मन यही कहता है।
कहीं से आ जाए वो,
जिसका इंतजार हमें रहता है।

बातें हो प्यार भरी,
और थोड़ी सी शरारत हो।
जिन्दगी की उलझनों में,
थोड़ी सी तो राहत हो।

बैठे हो हम साथ साथ,
और कहे वो आज कितनी सर्दी है।

चाय के प्याले से उठते धुएं में,
पूंछे की चाय कितनी मीठी हो|

वक्त गुजर जाए कुछ ऐसा,
यही दिल की ख्वाहिश है।
सर्दियों के इस मौसम में,
उनके बगैर तन्हाई है।।

सुबह बड़ी अच्छी लगती है

अखबार की सुर्खियां,
और चाय की चुस्कियां
सुबह बड़ी अच्छी लगती है।

गुनगुनाते भंवरे,
और रंग बिरंगी उड़ती तितलियां
सुबह बड़ी अच्छी लगती है।

हरी भरी पत्तियों,
और फूलों पे जमी ओस की बूंदे
सुबह बड़ी अच्छी लगती है।

उड़ते पंछियों का नज़ारा,
और उनकी मधुर चहक
सुबह बड़ी अच्छी लगती है।

फिर निकले हम सुबह की सैर,
और जब हो हाथों में हाथ तुम्हारा
तो सुबह बड़ी अच्छी लगती है।

हिंदी का जयगान

हिंदी केवल नही हमारे
भावों की अभिव्यक्ति,
यह तो है जीवन की ऊर्जा
प्राणों की है शक्ति।
देती आई राष्ट्र एक्य को
एक यही आधार,
भारत के भाषा पुष्पों का
यही पिरोती हार।
एक सूत्र में जोड़ रही है
यह सारा ही देश,
इसको बोलें तो लगता है
महका सा परिवेश।
हो आदर से भरा हमारा
हिंदी के प्रति भाव,
ना दें अपने व्यवहारों से
हम हिंदी को घाव।
पढ़ें लिखें बोलें हिंदी में
हो हिंदी का मान,
अखिल विश्व में हो गुंजारित
हिंदी का जयगान।

माटी भी तो मां है

माटी भी तो मां है, माटी भी तो मां है
माटी से ही हमारा वजूद है,
माटी से हमारी पहचान है।
सौंधी-सौंधी खुशबू इससे है आती
जब मेघ बूंदे इससे टकराती,
धरतीपुत्र इस पर है हल चलाते
बदले में है ये सोना उगाती।
लहलहाती है फासले इस पर
इस धर पर चार चांद लगाती,
संध्या काल में गोधूली से
सुनहरा लगता गांव है।
माटी भी तो मां है,
इससे हमारी पहचान है।।

माटी से बनती मूर्ति,
गगरिया, दीपक और खिलौने
माटी से बनते बर्तन,
धातु लौह और सोने,
माटी में ही दंगल सजते
माटी में ही मेले जंचते,

माटी ने ही दिया है सबकुछ
फिर क्यों यह गुमनाम है।
माटी भी तो मां है,
इससे हमारी पहचान है।।

माटी करती हमसे प्यार
कर लेती सब मैला स्वीकार,
विकास के खोखले दावे करके
हमने किया इसका तिरस्कार,
खनन, पेड़ कटाई करके
ध्वस्त किया इसका श्रृंगार।
माटी है तो हम सब हैं
जीते हम इसके दम पर हैं,
प्रण लेते हैं हम सब मिलकर
बचपन बीता जिस आंचल पर,
देखभाल करनी है इसकी
बचाने इसके प्राण हैं,
माटी भी तो मां है,
इससे हमारी पहचान है।

हैवानों की चोट

पंख कुतर दिए उसके परिंदों के सामने।
वो गिड़गिड़ाती रह गई दरिंदों के सामने।।

करती रही इलाज यहां बीमार जानवरों का।
जल गई वो एक दिन जानवरों के सामने।।

सहम गई रूह मेरी देख यह हैवानियत।
सुरक्षा का सवाल है अब लड़कियों के सामने।।

कब तक सहती वो हैवानों की चोट को।
आखिर टूट कर बिखर गई पत्थरों के सामने।।

कोई न कर पाए अब ऐसी हैवानियत।
फांसी दो उन सैतानों को चौराहों के सामने।।

मूल्य

हर पेड़ पर चली कुल्हाड़ी
धूप रही ना याद,
मूल्य समय का जाना हमने
को देने के बाद।
खूब फसल खेतों से ले ली
डाल-डाल कर खाद,
पैसों के लालच में कर दी
उर्वरता बर्बाद।
दूर-दूर तक बसी बस्तियां
नगर हुए आबाद,
बंद हुआ अब तो जंगल से
मानव का संवाद।
ताल तलैया सब सूखे हैं
हुई नदी में गाद,
पानी के कारण होते हैं
हर दिन नए विवाद।
पशु पक्षी बेघर फिरते हैं
कौन सुने फरियाद,
कुदरत के दोहन ने सबके
मन में भरा विषाद।

ममता की देवी

मेरी मम्मी ममता की देवी है प्यारी,
जो है मुझको अपनी जान से भी प्यारी।
सिर पर रहे सदा हाथ उनका
रहूं बनकर सदा दास उनका,
बचपन में अपने हाथ से खिलाया
दी अपनी ममता की अनमोल छाया।
बुरी आदतों, कर्मों से सदा रखा दूर
अच्छी आदतों का खजाना भरा भरपूर,
सदा अन्याय व जुल्मों से लड़ना सिखाया
न्याय में विश्वास, एकता का पाठ पढ़ाया।
अज्ञान रूपी अंधकार को दूर भगाया
ज्ञान रूपी प्रकाश जीवन में फैलाया,
बदले में सब सुख व खुशियां दे पाऊं
बस इतना ही वर प्रभु से मैं चाहूं।
बचपन में सुनाती थी रोज एक कहानी
जिनसे मिलती थी शिक्षा व सीख सयानी,
सच्चाई का पाठ पढ़ाया
बुराइयों से लड़ना सिखाया।
हार मां की ममता को सलाम जानी,
इनकी अनमोल ममत्व का नहीं कोई सानी।

क्लास

सुबह घर से निकलो तो,
शाम को घर आते हैं।

घर की खुशियों के लिए,
इंसान क्या कुछ नहीं करते हैं।

बढ़ती इस मंहगाई के दौर में,
बस मिडिल क्लास ही पिसते हैं।

कैसे बच्चों का भविष्य बनाएं,
स्कूल, कॉलेज भी कहां सस्ते हैं।

जैसे तैसे महीना पूरा करते,
फिर पहली तारीख पे डरते हैं।

अपनी ख्वाहिशों का गला घोंट,
आज घुट के इंसान यहां जीते हैं।

सुकून

हर आदमी भटकता है इस जहां में
कभी धरती पर कभी आसमान में,
उस हसीन बला की तलाश में
जिसे सुकून कहते है सबकी जुबान में।

मिल सकता गर उधार में
मैं ले लेता झोली पसार के,
करता मोल भाव भी उसका
गर मिलता ये बाजार में।

चुरा सकता तो भी लेता
लगाता दौड़ उठा के,
गर बंटता यह खैरात में
बैठता पैर पसार इसके इंतजार में।

यह तो ऐसी शह है यारों
जो ढूंढने से नहीं मिलती,
यह पड़ती है खोदनी
दूर दिल की खदान में,
या मिलेगी ये तुम्हें
कहीं ईश्वर के गान में।

मां के आंचल में तो जरा
खोज बीन कर देखो प्यारों,
सुकून भरपूर मिलेगा
कहीं भटकना नहीं पड़ेगा,
इसे पाने की चाह में।

बदल रहा जमाना

रिश्तेदार ऑनलाइन हो गए जिन्दगी में सब फाइन हो गए,
मिलते नहीं अब आपस में अब व्हाट्सएप पर सब ज्वाइन हो गए।
मतलबी हो गए हैं रिश्ते नहीं इसे अब निभाना है,
क्या करोगे भैया अब तो बदल रहा जमाना है।
किताबों से सब दूर हो गए स्याही के बोतल चूर हो गए,
पढ़ते सब हैं मोबाइल से अब तो सभी के यही फितूर हो गए।
खरीददारी भी स्मार्ट हो गया मोबाइल में ये स्टार्ट हो गया,
दुकानों के चक्कर लगते नहीं अब सभी के पास फ्लिपकार्ट हो गया।
जिन्दगी अब हाय फाय गई बूढ़ों के बाल भी अब डाई हो गई,
गली में भूखे बिलखते हैं बच्चे पर उपलब्ध फ्री वाईफाई हो गई।
युवा के कैसे व्यवहार हो रहे ऑनलाइन अब प्यार हो रहे,
बड़ों के पैर छूते नहीं ये बच्चों के कैसे संस्कार हो रहे।
बेटियों से बलात्कार हो रहे ये कैसे संस्कार हो रहे,
एक हाथ जमीन के खातिर भाई-भाई में मार हो रहे।
किसी को किसी फिक्र नहीं सबको यहां सिर्फ कमाना है,
क्या करोगे भैया अब तो बदल रहा जमाना है।

हार जीत का रूप

हार जीत का है रूप अनोखा
कोई है हंसता, कोई है रोता,
जिनका इनसे मिलन है होता।
कहीं बजते ढोल और ताशे,
कहीं घनेरा मातम है पसरा।
हार जीत का है रूप अनोखा।।

तुम ना जानो, मैं ना जानू,
किस को मिलेगा यह मौका।
जीतने वाला खुशी मनाए,
हारने वाला करे समझौता।
मन के हारे हार है, मन के जीते जीत,
इस कहावत ने दे दिया धोखा।
हाय! हार जीत का है रूप अनोखा।।

मिलती जिन्दगी में जीत बथेरी,
पर वह हो जाती खाख की ढेरी।
जब ना हो अपनों का साथ,
जीत भी बन जाती है हार।
यही है, हार जीत का रूप अनोखा।।

तुझे मुस्कुराना होगा

सारे ख्वाब यहां पूरे नहीं होते
पर सभी आधे अधूरे नहीं होते,
आशा के दीप जलाए रख
अंधेरों को दूर भगाए रख,
उजाले का इंतजार तो कर
दुर्दिन पर प्रहार तो कर।
होठों पर गीत सजाना होगा,
तुझे मुस्कुराना होगा।

तूफान में किनारे टूटने न दे
हाथों से साहिल छूटने न दे,
मत डर दरिया की रवानी से
आतप, अंधड़ या गहरे पानी से,
बुलबुलों की औकात कबतक
सघन मनहूस रात कबतक!
विकल मन को समझाना होगा,
तुझे मुस्कुराना होगा।

सुख-दुख का सिलसिला चलेगा
रात के बाद दिन भी ढलेगा,
खुशियों के सदा नही लगते मेले
राह दुर्गम, बढ़ते भी झमेले,
अपने कदमों को डगमगाने ना दे

उम्मीद की कोंपले मुरझाने न दे।
हताशा के गर्त को हटाना होगा,
तुझे मुस्कुराना होगा।

ठिठुरन

जिधर देखिए उधर ही, ठंड जमाए पाँव
सूरज सड़ता जेल में, हार गया हर दाव
बरफ बरसती मौत बन, करना कठिन हिसाब
हंसते खिलते चमन में, मिलते नहीं गुलाब
सरिता झीलों की हुई, अरे बोलती बंद
हाथ ठिठुरते कलम के, फिर भी लिखती छंद
सड़कें चौराहे हुए, बियाबान सुनसान
सन्नाटा बुनने लगा, जन गन सब हैरान
विद्यालय दफ्तर हुए, हों जैसे शमशान
चपरासी ले घूमता, छुट्टी का फरमान
ठंड कड़क जितनी हुई, गदगद सेठ जमाल
ऊनी व्यापारी हुए, मन भर मालामाल
पंछी मारे ठंड के, बेबस छोड़ें नीड़
बड़े ताल भोपाल में, उमड़ी उनकी भीड़
मुख पृष्ठों पर ठंड ने, जमा लिया अधिकार
जो उसको छापे नही, बिके नहीं अखबार
नर नारी - पशु मौत का, ठंड लिए सामान
सभी खोखले हो गए, चित परिचित अनुमान
ठंड भी ढिंढोरा पीटती, घूमे सीना तान
घोर प्रदूषण दे रहा, उसको जीवनदान।

नाम

इस दुनिया में जीव कितने सारे,
इनमें कितनो को बुलाते हैं नाम से सारे।

नामों का सिलसिला है कितना प्यारा,
सोच से परे नामों का इतना बड़ा पिटारा।

सोच-सोच कर हूं परेशान किस नाम से पुकारूँ,
दिल कहे सनम कहूं, दिमाग कहे वंशू पुकारूँ।

तू मेरे नवजीवन का विकास है,
तू ही तो है प्यार, तू ही यार खास है।

मैं हूं सोच रहा ये बात आज,
इस मन रुपी आईने में अब किसे उतारूं।

दिल कहता है कि करदे ये काम आज,
तुझ पर सबकुछ अपना कुर्बान कर दूं।

प्यार पाने को शादी रूपी तट पर खड़े सारे,
जिन्दगी है अनमोल इसकी कीमत समझो प्यारे।

आशा हमेशा चिराग जलाती,
निराशा बार-बार दिया बुझाती।

चाहता हूं तुम सपना बन आती रहो,
मैं सो जाऊं कोई ऐसी धुन तुम गुनगुनाती रहो।

जागते हुए तुम होती हो साथ मेरे,
सपनों में भी तुम मुझे दुलारती रहो।

इस दुनिया में हैं जीव कितने सारे,
इनमें कितनो को बुलाते है नाम से सारे।

बस तुम

अपनी यादों में मुझे कभी यूं ही ढूंढ लेना तुम,
ना मिलूं तो धड़कनों से मेरा पता पूंछ लेना तुम

रहूंगा मौजूद इन हवाओं में हमेशा, फिर भी,
ना दिखूं तो इन्हें अपनी सांसों से छू लेना तुम

मेरी ग़ज़ल, हर शायरी में रहती हो बस तुम,
अपनी तन्हाइयों के साथ इन्हें भी सुन लेना तुम

हकीकत में हमारी मुलाकात हो ना हो,
इसीलिए अपने ख्वाबों में मुझे बन लेना तुम

यूं तो जिन्दगी की राहों में मिलेंगे कांटे ही कांटे,
मगर मेरे हिस्से के फूल भी चुन लेना तुम।।

एहसास

गुजार दिए होंगे, तुमने कई दिन, महीने, साल,
जो काट ना सकोगे वह एक रात मैं हूं।

की होगी गुफ्तगू तुमने कई दफा, कई लोगों से,
दिल पर जो लगेगी वह एक बात मैं हूं।

भीड़ में जब तनहा तुम खुद को पाओगे,
अपनेपन का जो एहसास करा दे, वह एक साथ मैं हूं।

बिताए होंगे तुमने कई हसीन पल सबके साथ में,
जो भूल नहीं पाओगे वह एक याद मैं हूं।

जिंदगी

ना चादर बड़ी कीजिए
ना ख्वाहिश दफन कीजिए,
चार दिन की है यह जिंदगी
बस चैन से बसर कीजिए।

ना परेशान किसी को कीजिए
ना हैरान किसी को कीजिए,
चाहे दे तुम्हें कोई लाख गालियां
बस मुस्कुरा कर उन्हे लौटा दीजिए।

ना रूठा किसी से कीजिए
ना झूठा वादा किसी से कीजिए,
ना फुरसत ही आज मिलने की
कल खुद से मुलाकात कीजिए।

जीवन की शामों-सहर

खुदा का करिश्मा, दुआओं का असर हो
तुम्हीं मेरी मंजिल, तुम्ही हमसफर हो,
तुम्ही मेरे जीवन की शामों-सहर हो।
तुम्ही मेरे जीवन की शामों-सहर हो।।

तुम बिन नहीं कोई भाता है मुझको,
तुम बिन नज़र कुछ ना आता है मुझको
तुम्ही मेरी चाहत का पहला असर हो,
तुम्ही मेरे जीवन की शामों-सहर हो।
तुम्ही मेरे जीवन की शामों-सहर हो।।

नज़रे भी देखे, नजारे भी देखे,
अदाएं भी देखी, इशारे भी देखे
सबसे हसी जिसको देखा, वो तुम हो,
तुम्ही मेरे जीवन की शामों-सहर हो।
तुम्ही मेरे जीवन की शामों-सहर हो।।

ये वादा रहे

हरदम हमेशा ये वादा रहे,
कुछ भी हो हमदम तू मेरा रहे,
खुशियों का आलम या गम का फ़साना,
ये दिल रहेगा बस तेरा दीवाना
शरमाती नाज़ुक, झुकी हुई नजरें,
कहती हैं तुमसे कुछ समझो जरा
सहमी हुई तेज, दिल की ये धड़कन,
कहती हैं तुमसे कुछ समझो जरा।
सबकुछ समझ के भी अंजान हो तुम,
मुझको समझती हो नादान क्यों तुम
हरदम हमेशा ये वादा रहे,
कुछ भी हो हमदम तू मेरा रहे।

अगर मैं कहूं मेरे दिल की तमन्ना,
मांगा क्या मैने ये मेरे खुदा से
हाथों में मेरे तेरा हाथ हो और,
कोई भी हमको जुदा ना कर पाए
हुए जो जुदा हम तो जी ना सकेंगे,

जुदाई के आंसू भी पी ना सकेंगे
हरदम हमेशा ये वादा रहे,
कुछ भी हो हमदम तू मेरा रहे।

दिलों ने दो मिलके जो रिश्ते बनाए
रिश्ते दिलों के हैं दिल से निभाए,
जो लब के ना पाए, हाल तेरा मेरा
चलो फिर निगाहों से इश्क जताएं,
हरदम हमेशा ये वादा रहे,
कुछ भी हो हमदम तू मेरा रहे।
खुशियों का आलम या गम का फसाना,
ये दिल रहेगा बस तेरा दीवाना।।

मुस्कुराहट

उसे मोहब्बत कहूं या मेरी तकदीर,
उसे जिंदगी कहूं या मेरे हाथों की लकीर
हार खुशी मेरी उससे बावस्ता है,
वो `वंशिका' है मेरी मैं उसका `ऋतिक'
आज सुबह में कुछ अलग ही बात है,
जैसे खुशियां ही खुशियां हर तरफ हैं
आज के ही दिन वो आई थी इस जहां में,
जिसे रब ने लिखा है मेरे नसीब में
पा कर उसे मैं मुकम्मल हुआ,
मेरी जिंदगी को उसका सहारा मिला
साथ हमारा यूंही बना रहे हमेशा,
हार सुख दुःख हम दोनो संग रहे
कभी दूर ना मैं तुझसे ना तू मुझसे रहे,
जन्मदिन हर साल मैं तेरा यूं मानता रहूं
तुझे खुशियों के उपहार मैं देता रहूं,
ता उम्र मैं बस तुझे ही प्यार करता रहूं
जन्मदिन की हार्दिक शुभकामनाएं,
मेरी प्यारी मुस्कुराहट `वंशिका'
हमेशा तुम हंसती मुस्कुराती रहो,
जिसका मैं पूरा प्रयास करता रहूंगा।

मोहब्बत-ए-जिन्दगी

आज दिल के मैं सारे तुझे जज्बात कह दूं
हां मोहब्बत है तुझसे ये मैं आज कह दूं,
कबतक दिल में छुपाता तेरी चाहत को सनम
कभी तो कहना ही था क्यूं ना आज कह दूं,
आज दिन भी इजहार-ए-मोहब्बत का जाना
फिर क्यों ना मैं अपने प्यार का इजहार कर दूं,
डर भी है दिल में की तेरा जवाब क्या होगा
फिर भी सुन ले तू जो तुझसे मैं आज कह दूं,
जब देखा तुझे पहली दफा,
तेरी सादगी पर हो गया फिदा,
दिल की धड़कन भी तुझे चाहने लगी,
मेरी आंखें भी तेरे सपने सजाने लगी,
एक पल भी तेरे बिना रहना मुश्किल हुआ
दिन बदिन तेरा नशा गहरा होता गया,
अब तो जैसे तू मेरी आदत बन गई है
तेरे बिना मेरा जीना मुश्किल हो गया,
करता हूं दिल-ओ-जान से प्यार तुझे
तुझसे मैं ये आज कहता हूं,
तू बने मोहब्बत-ए-जिन्दगी मेरी
बस मैं तुझसे यही चाहता हूं।

तुम आओगी

मैं पागल बन बैठा लोग कहते हैं
यह है प्यार का असर।
आंसुओं से धुले मन यादों का है
ये तेरा कैसा कहर।

बरसों से हैं आस लिए तुम अपने होंठ हिलाओगी,
वे चुप सी तस्वीर से बाहर तुम निकलकर आओगी
है हमें विश्वास तुम एकदिन दुनिया को दिखाओगी,
हम कितना प्यार करते हैं तुम सबको बतलाओगी
जितनी मोहब्बत थी तुमसे तुम उतना जताओगी,
वे चुप सी तस्वीर से बाहर तुम निकलकर आओगी
उलझन को सुलझा तुम जिन्दगी नई बनाओगी,
भीड़ को कर किनारे तुम आ गले लगाओगी
लगता ऐसा मन को तुम स्वप्नों के साज संवारोगी,
वे चुप सी तस्वीर से बाहर तुम निकलकर आओगी
पतझड़ के उजड़े पत्तों को हरा भरा कर जाओगी,
ख़ामोशी की तोड़ बेड़ियां आजादी लेकर आओगी
अकेले जीवन है मुश्किल तुम किस दिन सामने आओगी,
वे चुप सी तस्वीर से बाहर तुम निकलकर आओगी।

खिले हुए फूल

खिले हुए फूलों से करते
सभी लोग हैं प्यार,
निकट रखा करते सीने के
इन्हें बनाकर हार।

इनका मोहक रूप जगाता
मन में नाव उल्लास,
और गंध से होता अनुपम
सुख का भी आभास।

देवों के सिर इन्हें चढ़ा हम
जलाए आभार,
छुपा हर्ष मन का बतलाते
फूलों का उपहार।

औरों को खुशियां देते हैं
महक महक कर फूल,
इनकी रंग भरी छवियों में
सब दुख जाते भूल।

हम भी फूलों से खुश रहकर
अपना सुख दें बांट,
मुरझाए मुखड़ों की कुछ लें
उदासियों को छांट।

मन के भीतर शूल चुभन के
सहकर सारे क्लेश,
फूलों सी हम हँसी लुटाकर
महकाएं परिवेश।

प्रथम शब्द

खुद भूखी रह, निज हाथों से,
जिसने पेट भर खिलाया है।
जो सिरहाने के पास जगी,
पर लोरी गा हमें सुलाया है।।
आज कलम उस आंचल पे,
उस देवी का सम्मान लिखें।
आओ कुछ अल्फाज लिखें।।
आँख खोलकर सबसे पहले,
जिसको मित्र बनाया है।
हँसकर, रोकर, उलट-पलटकर,
जिस आंचल में जीवन पाया है।।
उस सर्वस्व समर्पण भावों का,
कलम, आज गुणगान लिखें।
आओ कुछ अल्फाज लिखें।।
हँसना, चलना, बातें करना,
जो उंगली थाम सिखाया है।
मेरे एक अश्रु को जिसने,
सिर आंखों से लगाया है।।
प्रथम शब्द जो मुँह से निकला,
कलम, वही आवाज लिखे।
आओ कुछ अल्फाज लिखें।।

याद

बीत गए जो पल वो फिर वापस नहीं आयेंगे,
वो स्कूल की मस्तियां फिर हम कैसे दोहराएंगे
वो हंसी मजाक, नोक झोंक, वो हमारी शरारतें,
समय गुजरने के साथ साथ हमें और याद आयेंगे।

कैसे कटेंगे दिन जब हम दोस्त बिछड़ जायेंगे,
वो स्पेशल गली की चाट फिर साथ कैसे खायेंगे
खर्च करने के लिए तो होंगे बहुत पैसे,
पर मिलने के लिए वक्त कम पड़ जायेंगे।

दूर होंगे जब हम दोस्त तो याद बहुत आयेंगे,
साथ गुजारे हर पल हमें और भी तड़पाएंगे
खून का रिश्ता ना सही पर जान से हैं प्यारे,
एक से बढ़कर एक हैं सारे दोस्त हमारे।

मेरी मां है तू

मेरी मां है तू,

मेरी जीत में तू, मेरी हार में तू
मेरे गुस्से में तू, मेरे प्यार में तू
मेरे इजहार में तू, मेरे मनुहार में तू
मेरे व्यवहार में तू, मेरे संस्कार में तू

यादों की एक चित्रहार है तू,
बारिश की भीनी बौछार है तू,
मेरे जिगर में तू, मेरी जान में तू

मंदिर नहीं मेरे घर में है तू,
मेरे लिए मेरी भगवान है तू,

मेरा पतझड़ भी तू, मेरा वसंत भी तू
तुतलाते बोलों की गिनती भी तू,
मेरी पूजा भी तू, मेरी विनती भी तू

मेरी सुबह तू मेरी शाम तू,
मेरा जिगर तू मेरी जान तू,

तुझमें ममता भी है, सृजन की क्षमता भी है
तुझमें माया भी है, तरुवर की छाया भी है

ईश्वर की बनाई एक मूरत है तू,
चांद सी खूबसूरत है तू,
सच बताऊं तो मेरी जरूरत है तू,

क्योंकि,
मेरी मां है तू, मेरी मां है तू।।

मेरी प्यारी मां

तेरी एक मुस्कान,
कर देती मेरी हर मुश्किल आसान
तेरा हर आशीर्वाद
कर देता मेरा काम आबाद।
मेरी प्यारी मां,

याद तो आती है तेरी बहुत,
पर बाकी है अभी काम बहुत
जब भी मेरे सिर पर धूप आई है
उस वक्त तेरे आंचल की परछाई छाई है।
मेरी प्यारी मां,

मेरी हर शैतानी तेरी नींद उड़ाती है,
पर क्या करूं यही सब मेरा अकेलापन मिटाती है
पापा के प्यार से बड़ी दौलत क्या है मां
और तेरी आंचल जो मिला तो जन्नत क्या है मां।

वो दिया ही क्या जिसमे रोशनी ना हो,
और वो जुबान ही क्या जिसमे मां का नाम न हो।
मेरी प्यारी मां।

प्यार

मां शब्द अपने आप में पूर्ण है
हमारे जीवन में उनका प्यार परिपूर्ण है,

मां के दिल में बच्चों की खास जगह होती है
उनके लिए हमेशा हंसती और रोती है,

हम खुश होते तो वो भी खुश होती
अगर दुख हो हमें कुछ तो
तकलीफ उन्हें भी होती है,

दुनिया में मां
ही ऐसी होती है
जो अपने बच्चों को
कभी अकेला नहीं छोड़ती है,

मां को प्यार और सम्मान देना चाहिए
एक दिन नहीं हर रोज
मातृ दिवस मनाना चाहिए।

अच्छा तो नहीं

चंद लम्हों की बरसात में,
यूं दुनिया की सौगात में
गुमशुम रहना अच्छा तो नहीं।

यूं हारकर जिंदगी से
मुंह मोड़ लेना अच्छा तो नहीं।

समय का ये खेल है
इसे खेल की तरह ही खेलो,
जिन्दगी कोई बातों का हार नहीं
इसे किस्मत के तराजू में न तोलो।
यही भंवर है समय का,

यूं समय से हारकर जिंदगी से
मुंह मोड़ लेना अच्छा तो नहीं।

रास्तों पर ठोकरें तो होंगी ही
यूं गिरकर, ना संभलना अच्छा तो नहीं
माना मंजिल दूर है अभी पर
आधे रास्ते से लौटना अच्छा तो नहीं,

यूं हारकर जिंदगी से
मुंह मोड़ लेना अच्छा तो नहीं।

माना पहली कोशिश नाकाम रही
पर यही आखिरी मौका था,
यह सोचना अच्छा तो नहीं

चंद हवाओं के बहने से
पर्वतों का डरना अच्छा तो नहीं
उठो, आगे बढ़ो, कोशिश करते रहो,

यूं हारकर जिंदगी से
मुंह मोड़ लेना अच्छा तो नहीं।

यह कहते हैं

लहराता सागर कहता है
उतरो तुम पाने को मोती,
पांव भीगने से को डरते
उनकी जीत कभी न होती।

कहती हमसे बहती नदियां
तुम भी चलते रहो निरंतर,
थक बैठे यदि बीच राह तो
बन जाओगे मैले पोखर।

ऊंचे पर्वत यह कहते हैं
तुम भी चढ़ो शिखर को पाने,
खड़े ताकते जो नीचे से
पड़ते उनको स्वप्न गंवाने।

कहते पेड़ सहन कर आतप
दो औरों को शीतल छाया,
सफल उसी का जीना जग में
कष्ट अन्य के जो हर पाया।

उड़ते उड़ते बोला पंछी
मुक्त गगन में फैला पांखें,

भूख भली है आजादी की
व्यर्थ कैद की स्वर्ण सलाखें।

हवा कह रही चलते चलते
अपना अपना काम करें सब,
पूजा समझ कर्म जो करता
उसे थकावट होती है कब।

कुदरत की सारी ही चीजें
कुछ ना कुछ हमको सिखलाती,
अगर सीख इनकी हम सुन लें
कटे जिन्दगी हंसती गाती।

चलते रहेंगे

हँसते हुए उठेंगे हम
गिरकर फिर संभलेंगे हम,
धीरे ही सही मगर लगातार बढ़ेंगे कदम,
चलते रहेंगे, चलते रहेंगे हम।

रुकना मना है,
थकना मना है,
हमको आगे बढ़ना है
मंजिल तक का रास्ता खुद को गढ़ना है।

सीखकर, सीखाकर
समझकर, समझाकर
हार कर, हारा कर
जीतना है।

हँसते हुए उठेंगे हम
गिरकर फिर संभलेंगे हम,
धीरे ही सही मगर लगातार बढ़ेंगे कदम
चलते रहेंगे, चलते रहेंगे हम।

तेरा नाम

तेरा नाम लूं तो हवाएं चलें,
तेरा नाम लूं तो धड़कन चले,
तेरा नाम लूं तो सुबह चले,
तेरा नाम लूं तो दिन ये ढले,
क्या यही प्यार है, क्या यही प्यार है।

यह खामोशियां कुछ कहने लगीं,
यह बेताबियां क्यों बढ़ने लगीं,
यह धड़कन मेरी क्यों बहकने लगी,
क्यों सांसें मेरी महकने लगी,
क्या यही प्यार है, क्या यही प्यार है।

यह खुशबू तेरी आवाज की,
महकाने लगी मेरी जिंदगी,
दुआओं में तू बसने लगी,
सांसों में तू बहने लगी,
क्या यही प्यार है, क्या यही प्यार है।

सुला ना सकेंगी ये सर्दी की रातें,
जब तक याद आए तेरी मीठी यादें,
ये दिल कर रहा बस तेरी ही बातें,
दिल ही जानता है दिल की ये बातें,
क्या यही प्यार है, क्या यही प्यार है।

तेरा नाम लूं तो हवाएं चलें,
तेरा नाम लूं तो धड़कन चले,
तेरा नाम लूं तो सुबह चले,
तेरा नाम लूं तो दिन ये ढले,
क्या यही प्यार है, क्या यही प्यार है।

चाहत

मैं चाहता हूं तुम्हें
क्योंकि,
मुझे तुम, अच्छी लगती हो
तुम्हारी हर बात हर अदा,
मुझे अच्छी लगती है
जब बोलती हो तुम, तब तुम्हें सुनना अच्छा लगता है
रूठ जाती हो जब तुम,
तुम्हें मनाना अच्छा लगता है
मुझपर गुस्सा होकर भी,
प्यार जताना मुझे अच्छा लगता है
जब रहती हो खामोश तुम, चेहरे की मुस्कान अच्छी लगती है
आंखों में अमृत की धारा,
वो लबों की मिठास अच्छी लगती है
बातों और मुलाकातों की,
वो सौगात मुझे अच्छी लगती है
एक दिन की जुदाई में, तेरी एहमियत मुझे अच्छी लगती है
मैं चाहता हूं बहुत तुम्हें, पर,
मेरी चाहत को
तेरी चाहत अच्छी लगती है।

दिल तेरी यादों में

दिल तेरी यादों में, आहें भरता है,
ये ना जागे ये ना सोए, कुछ ना कहता है

बारिश की बूंदें कहती हैं, तुमने ली अंगड़ाई
ठंडी हवा ने भी कहा, तुमने जुल्फें लहराई,
किसी गुलिस्तां के गुल ने ये पैगाम दिया है
तेरे कदमों से ही बगिया में, ऋतु बहार की आई
दीवाने दिल को हर मौसम सावन लगता है,

दिल तेरी यादों में, आहें भरता है,
ये ना जागे ये ना सोए, कुछ ना कहता है

रातों में अब नींद नहीं है, दिन में चैन नहीं है
सारी रात बहे हैं आंसू, आँखों में रैन नही है,
दुनिया धोखा खा गई, मेरी इस मुस्कान से
मेरी हँसी ने यही जताया, दिल बेचैन नही है
कुछ भी पूछूं मैं इस दिल से तेरा नाम लेता है

दिल तेरी यादों में, आहें भरता है,
ये ना जागे ये ना सोए, कुछ ना कहता है

मोहन की बांसुरी सा सुंदर, प्यार है बड़ा सुरीला
इसे मोहब्बत भी कहते हो, कान्हा सा है हठीला,
प्यार मोहब्बत से दुनिया में, रौनक ही रौनक है
बिना प्यार के दुनिया जैसे श्याम बिना बृजलीला है
बृज का कण कण आज भी नाम प्यार का जपता है

दिल तेरी यादों में, आहें भरता है,
ये ना जागे ये ना सोए, कुछ ना कहता है।

तेरे जाने के बाद

किसी और का ख्याल आया नहीं तेरे जाने के बाद
किसी ने मुझे फिर हंसाया नहीं तेरे जाने के बाद

खुद में ही रहता था मैं मसरूफ हर पल
किसी ने फिर मुझे सताया नहीं तेरे जाने के बाद

टूट कर बिखर गया था मोतियों सा फर्श पर
किसी ने फिर मुझे सजाया नहीं तेरे जाने के बाद

तेरे एक बुलावे पे आता था दौड़कर कभी
किसी ने फिर बुलाया नहीं तेरे जाने के बाद

तेरे आंखों में आंसू देखकर रो पड़ता था मैं
किसी ने फिर रुलाया नहीं तेरे जाने के बाद

तेरी तस्वीर चूम कर सो गया एक रात मैं
किसी ने फिर जगाया नहीं तेरे जाने के बाद।

पापा का प्यार

जिनकी अंगुली थाम कर
घूमा पूरा संसार
कैसे भूल सकता हूं मैं,
पापा का वह प्यार
मेरी हर गलतियों पर, मुझे प्यार से समझाते
मुझे आगे बढ़ाने को,
हमेशा सही राह दिखाते।
मेरी हर जरूरतों को
वो पूरा कराते
क्या सही क्या गलत, वो मुझे समझाते
ऊपर से हैं तो हैं ही
और अंदर से भी है नरम,
पापा नहीं करते प्यार
यह है हमारा भ्रम।
उनके प्यार करने का तरीका, थोड़ा है न्यारा,
उनका बता बताने का
अंदाज बहुत है प्यारा
उनका साया हमारे ऊपर
हमेशा रहे बरकरार,
इसी तरह मिलता, मुझे पापा का प्यार।

पिता

चंद शब्दों में पिता के व्यक्तित्व को बयां कर दूं,
ऐसी ना तो मेरी काबिलियत है,
नाहीं है उनकी ऐसी शख्सियत,
जो यूंही बयान हो पाए।

अभिमान हो आप हमारा,
घर का स्वाभिमान हो।
हमारी खुशी से परिपूर्ण है,
जो वही सुबह और शाम हो।।

पैरों पर खड़ा होना है सिखाया,
वही अनमोल सहारा हो आप।
हमारी ख्वाहिशों के समंदर,
लहराता किनारा हो आप।।

खुशी आपसे है तो घर में,
घर का अनुशासन हो आप।
घर में एकता की डोरी हो,
साथ होने का आश्वासन हो आप।।

कांधे पर उठाए घर का दायित्व,
वो मजबूत ताकत हो आप।
चलता है जिससे यह घर,
वो शान और शौकत हो आप।।

गम को अपने दिल में बसाए,
चेहरे की मुस्कान हो आप।
आप ही मेरे प्यारे पापा,
जग में हमारी पहचान हो आप।।

जिन्दगी ऐसा गणित

इस जीवन का थ्री-डी फिगर,
बस गेन-लॉस में डूबा रहा
संकट में डेरिवेशन करते,
सॉल्यूशन में लगा रहा।
जीवन का मैट्रिक्स हर कदम,
एक कॉलम नया बनाया
जिन्दगी ऐसा गणित सिखाया।।

रिश्तों के इकोनॉमिक लॉजिक,
कोई अबतक समझ न पाया
सब डेबिट क्रेडिट में लगे रहे,
पर ट्रांजेक्शन हाथ ना आया
जिन्दगी ऐसा गणित सिखाया।।

पत्नी पैरलल संग चली,
पर थ्योरी ने मेल न खाया
बच्चों ने तिर्यक्छेदी बनकर
दोनों को काट रुलाया,
जिन्दगी ऐसा गणित सिखाया।।

रिश्तेदारों ने भी अच्छा,
त्रिकोणमिति समझाया
साईन, कॉस और टैन लगा भी

कोई दूरी माप ना पाया,
जिन्दगी ऐसा गणित सिखाया।।

पास पड़ोसी ने तो दिल से,
बोडमास बतलाया
घड़ी-घड़ी बस ब्रैकेट बनकर
उलझन में उलझाया,
जिन्दगी ऐसा गणित सिखाया।।

सांख्यिकी की शिक्षा को हमने,
दोस्तों के संग मिल पाया
संग्रहित द्रव्य का माध्य निकाल
पार्टी खूब साथ मनाया,
जिन्दगी ऐसा गणित सिखाया।।

कमाल

एक सुबह उठते ही मुझको ऐसा हुआ अचंभा,
जैसे गिर गया पेरिस में अपना एफिल का खंबा,
मेरी बात सुनते ही घर में सबपर बेहोशी छाई,
क्योंकि सुबह-सुबह मेरे मन में पढ़ने की बात है आई,
रविवार की सुबह जहां सूर्योदय होता फेसबुक पर,
तब विचर रही मेरी आंखें गणित की पुस्तक पर,
सामाजिक विज्ञान, साइंस, और हिंदी भी थे विराजमान,
थे वे सभी अचंभित था उनको डर कहीं न हो जाए कल्याण!
कमरे में रखा कंप्यूटर बुला रहा था चीख-चीख कर,
मन के अंदर की आवाजें भेज रही थीं इंटरनेट पर,
पर व्यस्त था मस्तिष्क मेरा चाटने में उन पुस्तकों को,
सेशन के शुभ शुरुआत से धूल जमी थी जिनके ऊपर,
घरवाले सब रोक रहे थे होने से ये घोर अनर्थ,
पिज्जा, बर्गर, स्मार्टफोन या, दे रहे थे थोड़ा अर्थ,
विश्व प्रलय ना आने वाला फिर कैसे खुला अक्ल का ताला,
चिंता तो थी वाजिब क्योंकि छोड़ शायरी,
थाम कृपाण युद्ध लड़ रहा था गालिब,
मम्मी के आंसू न थमते पिताजी फूले न समाते,
पढ़ते वे बेटे को देख अब तो चारों धाम घूम आते
छोटा भाई सीख ले रहा रिश्तेदार लेते थे बलाइयां,
मेरे पढ़ने की खबर जान चुकी थी सारी दुनिया,
अब कलमाड़ी ना भ्रष्टाचारी, धोनी खेल रहा कबड्डी
शेर ने छोड़ा मांसाहार, हिरन चबा रहे थे हड्डी,

दुनिया के सारे गंजों के सर पे उग आए थे बाल
सूर्योदय के समय हुआ था मेरे घर का यह हाल,
आधा घंटा हिंदी इंग्लिश, तेरह मिनट में इकोनॉमिक्स,
हिस्ट्री थी सबसे आसान, घुटने टेक चुकी फिजिक्स
अब तो आइंस्टीन, आर्यभट्ट और रामानुजन भी दर जायेंगे,
मेरी विद्वता के आगे सारे पानी भरते नजर आएंगे
कुछ ऐसे सपनों को सजाते विद्या पथ पर बढ़ता जाता,
चाट चाट कर हर किताब को बारी बारी रटता जाता
तभी कहीं से इस पथ पर एक अडंगा अडिग आ गया,
मेरे उस दृढ़ यज्ञ में तभी अचानक विघ्न आ गया
हाथी एक मेरे कमरे में जाने कैसे घुस आया!
उसके पीछे एक आदमी आतंकी जैसा आया,
हाथ में बंदूक, ग्रेनेड लेकर जाने क्या वो बड़बड़ाया
फायर कर दो चार गोलियां अरबी में वो चिल्लाया,
थी ये तो बस शुरुआत, अभी आनी थी और सौगात,
शेर, तेंदुए, चीतों की हो रही थी कमरों में बरसात
कमरे में ही एक वस्तु उतरी अंतरिक्ष यान जैसी,
निकले उसमे से फुटबाल लेकर रोनाल्डो और मेस्सी
इस सदमे से उबर ना पाया तभी हुआ एक और कमाल,
घूम रहे थे वहां एलियन खींच रहे थे मेरे गाल
फिर अचानक कड़की बिजली कमरे से ऊपर दो फीट,
बादल घुस आए कमरे में थाम चुके थे अपनी सीट
उमड़ घुमड़ के बरसे ऐसे जैसे ना बरसे सालों से,
भीगा मैं उस बारिश में था पानी टपक रहा बालों से
तभी अचानक बड़े जोर से एक तेंदुआ चिल्लाया,
`कुंभकरण के चाचा कब तक सोओगे मेरे ताया? '
हैं! आवाज अभी अभी गई क्या थी मेरे कानों के अंदर,
देख रहा था सपना और यूंही बन बैठा सिकंदर

आंखें खोली की अंगड़ाई सामने मेरी मौत थी भाई,
बाल्टी झाड़ू हाथ में लेकर मम्मी पर माता थीं आई
आगे वर्णन किया ना जाता हाथ पैर में दर्द है भ्राता,
जिह्वा छोड़े मेरा साथ कही न जाए एक भी बात
कमबख्त इस सपने के पीछे मैं कुछ ज्यादा देर सो गया,
उसकी वजह से एक और बालक झाड़ू के नीचे शहीद हो गया।

गज़ल

कंकारों पे चलकर पैरों में छाले हो गए,
जो मंजिल मिली तो दुश्मन भी चाहने वाले हो गए।।

हुनर हमारा रंग लायेगा ये यकीन न था उनको,
हमारी शोहरत के आगे जो दिवाले हो गए।।

बरसों लड़े थे जिस मकान के लिए अपनों से,
आज खंडहर बन गया उसमे जाले हो गए।।

दमकता है हार शक्स का नकाबी चेहरा जमाने में,
झांक के देखो दिल कितने काले हो गए।।

जुबां भी कतराती है सच कहने से कैसा जमना है?
झूठ का बोलबाला हो गया सच पर ताले हो गए।।

जरा संभल कर चलना 'ऋतिक' राह ए ज़िंदगी में,
जमाना बदल गया, दोस्त भी जलने वाले हो गए।।

राह

हल्लों का शोर है गूंज रहा
लोगों का मेरे इन कानों में,
चैन सुकून सब खो है गया
पत्थर के बने इन मकानों में।

कोशिशें हजारों करते हैं
अपना वजूद बचाने की,
दूर अपनों से हो जाते हैं
नज़र आते हैं बेगानों में।

लड़ती रहती है दुनिया
कुछ पैसों के नोट पर,
आखिर में मिलती है जगह,
उनको कहीं शमशान में।

मत जाता तू दुख
तेरा कोई नहीं यहां,
खुश रहने की राह चुन
मस्ती भरे तरानों में।

क्यों हो रहा निराश तू
अपनी ही कमजोरी से,
झोंक दे ताकत सारी
फतेह कर इन मैदानों में।

करना है कुछ अलग तो
इंसानियत के हित में कर,
वर्ना क्या फरक है
तुझमें और शैतानों में।

मौत मेरे सामने

मौत मेरे सामने खड़ी, मुस्कुरा के मुझसे कहने लगी
जिन्दगी कैसी रही
यह सुनके मन ठहर गया
मैं गहरी सोच में पड़ गया
तभी मैं सब समझ गया
जिन्दगी मैने जिया ही नहीं
तुझको मैं कैसे बताऊं
जिन्दगी मेरी कैसी रही
तुझको मैं क्या समझाऊं
यह सुनके मौत ठहर गई
वो गहरी सोच में पड़ गई
तब वो सब समझ गई
जिन्दगी मैने इसे जीने कब दिया
जीवन में हार पल
मैने इसको तंग किया
ये कहके उसके स्वर अटक गए
वो कहने लगी लगता है
मैं रास्ता भटक गई
यह सुन के मन, खुशी से उछल पड़ा
मैं फिर से जीवन जीने चल पड़ा।

मज़ा जिंदगी का लि़ए जा रहे हैं

मज़ा जिंदगी का लिए जा रहे हैं
हँसते, मुस्काते जिए जा रहे हैं,
फुरसत के लम्हे जो मिले हमे कुछ
तो भरपूर मन से सुस्ता रहे हैं।

ये झरने, पहाड़ी, ये पगडंडियां है
घने जंगलों में वो कुछ खिड़कियां हैं,
मिट्टी की खुशबू और ओस का पानी
पैरों के तले वो नमी वो रवानी,
महसूस करते चले जा रहे हैं
मज़ा जिंदगी का लिए जा रहे हैं।

सुबह-सुबह की ये ठंडी हवाएं
सूरज की किरणे है यूं मुस्कुराएं,
चाय की वो चुस्कियां और वो बातें
ये छुट्टी के पल हैं वो एहसास लाते,
हाथ पकड़ बस चले जा रहे हैं
मज़ा जिंदगी का लिए जा रहे हैं।

जिन्दगी ही तो है

जिन्दगी ही तो है
थोड़ा और सीखा देगी,
बहुत कुछ देखा है
थोड़ा और दिखा देगी,
रास्ते ही तो बदले हैं
साथ थोड़े ना छूटे हैं,
खुद से ही तो खफा है
यार थोड़े ना रूठे हैं,
कुछ बातें ही तो थी
भूलना आसान ही तो होगा,
अकेले थोड़े ही रोओगे तुम
ये खुला आसमान भी तो होगा,
जिन्दगी ही तो है
उसके नाम ही कर देते हैं,
जिन्दगी ही तो है
थोड़ा और सीखा देगी,
जिन्दगी ही तो है।

सम्मान

इंसान है तू इंसान से यारी रख।
सुख दुःख में सबसे भागीदारी रख।।

छोटे बड़े का कोई भेद न हो तुझमें।
सब के लिए तू एक सा सम्मान रख।।

तेरी बातों से मायूसी दूर हो जाए।
ऐसी जुबां पर तू मिठास रख।।

कभी रिश्तों की डोर ना टूटे।
ऐसा उसमें तू विश्वास और प्यार रख।।

रब भी तेरी बंदगी से खुश हो जाए।
ऐसा हर धर्म से प्रेम भाव सद्भाव रख।।

नई उम्मीदें

गुजरते दिन के साथ यह साल गुजर गया है
बीते साल को अलविदा अब नया साल आ गया है,
नई उम्मीदें नई सोच नई आशाएं ला रहा है
अबकी यह नया साल कुछ परिवर्तन ला रहा है।
क्या सही क्या गलत हर इंसान समझ रहा है
बेटियों को मुल्यता को हर मां बाप जान रहा है,
बेटियों का हर छेत्र में नाम गुंजित हो रहा है
देश करे उन्नति हमारा हर देशवासी चाह रहा है।
बदलेगी देश की सूरत पर हमें भी तो बदलना होगा
छोड़ के धर्म जात को हमें भी इंसान बनना होगा,
अपने सोए ज़मीर को जगा के खुद से खुद को पहचानना होगा
भ्रष्टाचारियों को सहयोग ना दे कर उनको सबक सिखाना होगा।
भ्रष्ट नेताओं और कर्मियों को उनका फर्ज़ याद दिलाना होगा
देश की सीमा पर शहीदों की कुर्बानी को हमें समझना होगा,
इस नववर्ष में हमें नवभारत का निर्माण करना होगा
आओ करें संकल्प की हमारे नववर्ष का शुभारंभ ऐसा ही होगा।

ज्ञान का सागर

आकाश सा है अनंत, सागर सा ये गहरा,
सच्चे मन में निहित, ज्ञान का विशाल बसेरा।
न कोई शुरुआत इसकी, न होगा कोई अंत,
सीमाओं का अधीन नहीं, ये है ज्ञान रूपी महंत।
निरंतर चलता रहे ये, जैसे नदिया की धारा,
किसी ने ना देखा, इस ज्ञान का किनारा।
ये ना करे भेदभाव, सबके लिए एक समान,
उम्र का ये मोहताज नहीं, मोह माया से अंजान।
चाहें हो बीते तजुर्बे, या हो कोई मोड़ नवीन,
बोध करे रोशन हर पथ, बनाए हर अनुभव प्रवीण।
जीवन की हो जटिलता, या हो कठिन वक्त,
ज्ञान का संबल साथ, रखता विश्वास सशक्त।
ज्ञान की स्याही से, होती भविष्य की रचना,
अग्रसर होता ये समाज, गा कर ज्ञान की वंदना।
मानवता का हो मार्गदर्शन, या सृष्टि का नव निर्माण,
ज्ञान की कमान से निकले, ये जीवंत अनमोल बाण।
जीवन रथ पर हैं सवार, धर्म, कर्म और मान,
केवल ज्ञान है वो सारथी, जो विजय का दे वरदान।
तो चलें उस राह पर, जहाँ ज्ञान की मिले पनाह,
अलंकृत करें इस जीवन को, अज्ञानता को कर दें फना।

बर्दाश्त की हद

बर्दाश्त की अब हद हो गई, माफी की अब नहीं गुंजाइश है
पाकिस्तान तुझे तो अब,
तेरी औकात हमें दिखानी है
बहाया जो लहू जवानों का तूने,
उसकी भारी कीमत तुझे चुकानी है।
मिटा कर तेरा नामोनिशान,
आतंक को हमें सबक सिखाना है
दिवालिया हो गई है तेरी हालत,
अब भुखमरी की भी तैयारी है
आतंकवाद को बढ़ावा देखर,
तूने अपनी शामत बुलाई है
ख़ून खौल उठा है भारत का,
तुझे धूल तोबाब हमें चटानी है।
भूल गया है तू शायद हिंदुस्तान की ताकत,
अब तुझे हमें अपनी ताकत दिखानी है
पीठ पर वार करना आदत नहीं है हमारी,
तेरे सीने में अब तलवार हमें उतारनी है
बर्दाश्त की अब हद हो गई, माफी की अब नहीं गुंजाइश है
पाकिस्तान तुझे तो अब,
तेरी औकात हमें दिखानी है।

बोस

फिर चाहिए एक होश देश को,
स्वाभिमानी एक बोस देश को।

जगाए जो एक क्रांति मन में,
मिटाए सब भ्रांति जन जन में।

यौवन को जो लकाते अब,
दे जाए अब जोश देश को।

फिर चाहिए एक होश देश को,
स्वाभिमानी एक बोस देश को।

फिर ला दे जो एक नई रवानी,
लौटा दे वो सोई जवानी।

खुद को सौंप दे हम देश प्रेम को,
ना दे फिर कोई दोष देश को।

फिर चाहिए एक होश देश को,
स्वाभिमानी एक बोस देश को।

आंखों में

मैं तेरे ख्वाब सजाता था अपनी आंखों में,
मैं तुझे लिखता था मेरे हर अल्फाजों में
तूने जो दिए फूल गुलाब के सनम,
उसे आज भी दबा के रखता हूं किताबों में।
मैं तेरे साथ साथ जब भी चलता था,
तुझे पाने का ही स्वप्न मैं गढ़ता था
दोस्त चिढ़ते थे मुझसे मेरे सभी,
जब भी उसकी आंखों को पढ़ता था।
हर लम्हें को तुझमें जिया करता था,
हर पल तुझको महसूस किया करता था
तेरे आंसू जब मेरी आंखों से निकलते थे,
उस अश्क को मैं हँस-हँस के पिया करता था।
बीच मझधार में मुझको वो छोड़ गई,
ना जाने क्यों मुझसे वो मुंह मोड़ गई
जिसने जोड़ा था अपना दिल मेरी बातों से,
आज वो ही मेरा दिल तोड़ गई।
तेरी याद मुझे अब बहुत रुलाती है,
तेरी चांदनी भी अब मुझे जलाती है
जब भी गुजरता हूं मैं तेरी गलियों से,
लगता है फिर से तू मुझे बुलाती है।

दुर्बलता

क्यों तूफानों में हंसते हैं ये?
क्यों स्वनिर्मित गर्तों में धंसते हैं ये?
क्यों बादल की रिमझिम में भीगे हैं ये?
क्यों भानू की रश्मि में तपते हैं ये?

कभी पंख लगाकर उड़ना सीखो,
विस्तृत नभ की गहराई में।
कभी जिगर दिखाकर लड़ना सीखो,
दुर्गम राहों की कठिनाई में।

क्यों शस्त्र उठा अपने शूरवीर मरवाते हो?
क्यों भीख मांग अपनी दुर्बलता बतलाते हो?
गर है सिंहासन की अधम लालसा
क्यों फिर अपनी कायरता दिखलाते हो?

गर हाथों में कौशल है कलम उठाने का,
तो आओ पलक पावड़े समर यहां बिछाए हैं।
किसने रोका तुमको, दिखलाओ जौहर अपना,
यहां नौसिखियों ने भी तो करतब कई दिखाए हैं।

कलाम

`कलाम' आपकी योग्यता का
कितना करें बखान,
शब्दकोष में शब्द नहीं है
कैसे करें बयान।
कर्मयोगी और लोकधर्मी तुम
कवि और लेखक महान,
शिक्षाविद और राजनेता थे
देश की बढ़ाई शान।
पृथ्वी, अग्नि जैसे उपहार देकर
मिसाइल मैन पाया नाम,
पद्मभूषण, पदविभूषण, भारत रत्न
सदा रहेगा मान।
युवा पीढ़ी के प्रेरणास्रोत तुम
अध्यात्म हो या विज्ञान,
सपनों का सच्चा अर्थ बताया
विश्व ने किया सम्मान।
करता हूं तुम्हें प्रणाम,
कलाम तुम्हें सलाम।।

तेरी तस्वीर

छत पर बैठे अक्सर हम,
आसमां को निहारा करते हैं।
चमकते हुए सितारों से,
तेरी तस्वीर बनाया करते हैं।

तेरे माथे की बिंदिया में,
हम चांद सजाया करते हैं।

जब मुस्कुराने लगती हो तुम,
हम खुद भी मुस्कुराया करते हैं।
कहते हैं फिर दिल की बातें,
की हम तुम्हें कितना चाहते हैं।

दूर रहकर भी इस तरह से,
हम तुम्हें पास पा लेते हैं।

छत पर बैठे अक्सर हम,
आसमां को निहारा करते हैं।
चमकते हुए सितारों से,
तेरी तस्वीर बनाया करते हैं।

कागज़ के टुकड़े

कागज़ के टुकड़ों पर
नींव भ्रष्टाचार की रखी जा रही,
उन टुकड़ों के बल पर
सदाचार गंवाया जा रहा,

भूल प्रतिज्ञा सारे अपने
अपना ईमान बेच रहे,
सरकारी कर्मचारी, पुलिस सभी
चंद रुपयों के मोल है बिक रहे,

ये खेल है बस पैसों का
मजदूरों पर जो तरस ना खा रहे,
अमीरों की झूठी शान के लिए
सारे दस्तावेज़ बदले हैं जा रहे,

अमीरी का यह बाजार जहां
लोभी भेड़िए घूम रहे,
शरीफों का लिबास पहनकर
मासूमों को भी लूट रहे,

संविधान में यह लिखा नहीं
फिर भी रिश्वत जाती है,
सत्यता का प्रमाण झूठ है
सत्य स्वयं में भटक रहा,

झूठे गवाहों पर मुहर देकर
कानून ये अंधा चल रहा,
रिश्वतखोरों को बढ़ावा देने वाला
हमारा ये तंत्र ही तो गंदा है,

वास्तव में इस देश का कानून
युगों-युगों से अंधा है।

तस्वीर

कोई तस्वीर,
कहानियां बना कर जाती है
एक आयत में समां जाती है,
होती है किसी पल की दास्तान
यादें जब तस्वीर बन जाती हैं।

बेजुबान जज्बातों से रूबरू करादे
बिछड़े उन लम्हों को कैद बनादे,
कुछ तस्वीरें होती हैं ऐसी, देखो
उसे तो हकीकत बयां करते हैं इरादे।

एक पल के लिए थाम ले उस पल को
जैसे किसी ने रोक लिया हो सांसों को,
बेशुमार है मायने भी इसके
कोई पूजे तो रखे संभालकर तस्वीर को।

रिहाई नहीं होती है उस तस्वीर से
जैसे बांधा हो किसीने लम्हों की डोर से,
क्या खूब खासियत है इनकी, के
ज़माने के साथ वक्त नहीं बदलते तस्वीरों के।

होड़

महानगरों की भीड़ का
एक हिस्सा बन गए हैं,
इस आपाधापी, मारामारी की जिंदगी में
अपनी पहचान खो गए है।

ये कैसी भागम भाग वाली दौड़ है
कुछ पाने की होड़ है,
उसकी कदर नहीं जो पास है
कुछ नया पाने की आस है।

आ कुछ नया करें
इस दुनिया की होड़ में,
खुद को अलग करें
जो कुछ पास है
उसमें सब्र करें।

एक पर्ण करें
हफ्ते में एक दिन
एक दूसरे के साथ
खर्च करें।

शर्त इतनी है

जिंदा रिश्तों को जब भी संभाला जाए,
बस शर्त इतनी है की गड़े मुर्दों को ना उखाड़ा जाए।

मेरी बदनामी का किस्सा बेशक उछाला जाए,
बस शर्त इतनी है की मेरी नेकचलनी को भी सामने लाया जाए।

पत्थर के देवता का भोग बेशक निकाला जाए,
बस शर्त इतनी है की गरीब के मुंह में भी निवाला जाए।

साल की हर अमावस को दीवाली का त्योहार बना डाला जाए,
बस शर्त इतनी है की अंधेरे झोपड़ों में भी उजाला लाया जाए।

घर में कुत्तों को बेशक बच्चों की तरह पाला जाए,
बस शर्त इतनी है की बूढ़े मां बाप को घर से ना निकाला जाए।

मैं कहता हूं ये मुर्दा जिस्म बेशक मेरा फूंक डाला जाए,
बस शर्त इतनी है की इसमें से जिंदा दिल मेरा निकाला जाए।

आवाज

मैं चल पड़ा उस डगर पर, जिगर पर पत्थर रखकर।
लगे जैसे भरे फूलों की झोली पड़ी हो इस पथ पर।।
कभी आस तो कभी प्यास बनकर सताती है मुझे।
याद दिलाती थी मुझे रूप बताती थी मुझे।।
मैं सोया-सोया निकल पड़ा उधर जिधर भी नजर थी मेरी घूमती।
लगता था आज फिर से घने मौसम में गौरैया झूमती।।
पर जब कभी को जाता मैं इस रंग रूप की नई किरण में।
तब-तब बनकर छांव मेरी परछाई पर पहरा करती थी हर एक मिलन में।।
आज मैंने यह जानकर अंतर्मन की आवाज को सुना।
अपने ह्रदय की दिव्यरूप वाणी को सोचा गुना धुना।।
फिर लगा मुझे वो किरण ना थी केवल एक आस की।
थी कड़ी परीक्षा मेरी, मेरे लग्न और विश्वास की।।
पर जब नजर आया वो पथ जिस पर चलना था मुझे।
मन ने कहा 'ऋतिक' अब डरना नहीं तुझे।।
मन के भावों के इस प्रवाह पर रख लो अपना ध्यान।
फिर जग पड़े आश्चर्य में, हो कृतियों का सम्मान।।
लें सीख, सबक, प्रतिशोध अग्नि की ज्वाला सी।
बन जाओ एक काव्य पाठ बच्चन की मधुशाला सी।।

उड़ान

आंखों में है ख्वाब सुनहरे कई
राहें मिली हैं देखो तुमको कितनी,
जी लेना जिंदगी के
हार पल को तुम अब,
न पड़ना प्रलोभनों में तुम कभी,
समझौता अपनी सफलता
की राहों में कभी न करना तुम,
मंजिलों की तलाश में निरंतर आगे बढ़ना
राहें मिली हैं देखो तुमको कितनी।
वक्त पर समझ आती है
सच्चाइयां जीवन की कई
ना घबराना तुम कभी,
हौसलों के पंखों से उड़ान
तुम भरना जिंदगी की
आसमान की ऊंचाइयों को छू लेना,
पा लोगे अपनी मंजिल सपनों की
राहें मिली हैं देखो तुमको कितनी,
जी लेना जिंदगी के हर पल को तुम अब।

एक मुलाकात

शून्य हुए जज्बात,
खत्म हुए अल्फाज
ना रहा कुछ कहने को,
ना रहा कुछ छुपाने को
पर लगता है ऐसा मुझे की,
एक मुलाकात अभी बाकी है।

वक्त गुजर गया
इंतजार की इंतहा देखकर,
पत्ते झड़ गए शाख से
पतझड़ की हवा देखकर।

जिन्दगी बदली हो शायद कहीं,
मुझे इल्म नहीं, खबर नहीं
बस पूरा नहीं हुआ मेरा हिसाब,
कुछ हिसाब अब भी बाकी है

लगता है ऐसा मुझे की,
एक मुलाकात अभी बाकी है।

खत्म हो गया इतना कुछ,
यूं देखते ही देखते
सांसें चल रही हैं हमारी अब भी,

किसी उम्मीद की दरकरार में

शायद ये खेल था,
पर आखिरी चाल अब भी बाकी है
लगता है ऐसा मुझे की,

एक मुलाकात अभी बाकी है।
एक मुलाकात अभी बाकी है।।

मन अगर भौंरा बन जाये

मन अगर भौंरा बन जाये,
दिल में इंसानियत के फूल खिलाए
घूम-घूम रसपान करे सो,
दानव को इंसान बनाए।

दरिंदगी की दुर्गंध मिटाकर,
मानवता की सुगंध फैलाए
बीच राह में रुकने वालों को,
पल-पल सच्ची राह दिखाए।

गुन-गुन करता उड़ता जाए,
फुलवारी संग ताल मिलाए
मन अगर भौंरा बन जाए,
दिल में इंसानियत के फूल खिलाए।

शब्द

कभी कविताओं में, कभी कहानियों में,
कभी संस्मरण में किसी के
तो कभी विचारों के खुले आसमान में,
पढ़ सको तो पढ़ लेना मुझे

कभी किसी के जज्बातों में,
तो कभी लफ्जों से निकले अल्फाजों में,
कभी `आकाश' में उड़ती चहचहाटों में
तो कभी जमीन पर रेंगती शरारतों में,

अजीब सी असमंजसता है मेरी
धर्मी के मुख से निकलूं तो मंत्र,
अधर्मी के मन में हूं तो षड्यंत्र,
कलम में हूं 'राव' की तो गणतंत्र
तो कभी खोखले वादों वाला लोकतंत्र,

यह कैसी दास्तां है मेरी,
मन में क्रोध है तो गाली
प्यार हो तो हर बात निराली,
सपना हो तो मन का ख्याली
हूं परेशान अगर तो किसी दर का सवाली,
न जाने कितने रूप हैं मेरे,
न जाने हूं कितनी भाषा में

कभी बच्चे की लालसा में,
तो कभी किसी की अभिलाषा में,
अदृश्य नहीं हूं मैं,
ना हूं कोई मायावी जाल

मैं शब्द हूं,
लिए अपनी पहचान बेमिसाल।

मैना चीख रही

सज्जनता बेहोश हो गई,
दुर्जनता पसरी आंगन में।
कोयलिया खामोश हो गई,
मैना चीख रही उपवन में।।

गहने तारे, कपड़े फाड़े,
लाज घूमती बदन उघारे,
यौवन के बाजार लगे हैं,
नग्न-नग्न श्रंगार सजे हैं,
कांटे बिखरे हैं कानन में।
मैना चीख रही उपवन में।।

मानवता की झोली खाली,
दानवता की है दीवाली,
चमन हुआ बेशर्म मवाली,
मदिरा में डूबा है माली,
दम घुटता है आज वतन में।
मैना चीख रही उपवन में।।

शीतलता रवि ने फैलाई,
पूनम ताप बढ़ाने आई,
बेमौसम में बदली छाई,
धरती पर फैली है काई,

दशा देख दुख होता मन में।
मैना चीख रही उपवन में।।

सुख की खातिर पश्चिमवाले,
आते थे होकर मतवाले,
आज रीत ने पलटा खाया,
हमने उल्टा पथ अपनाया,
खोज रहे हम सुख को धन में।
मैना चीख रही उपवन में।।

शावक, सिंह, खिलाने वाले,
श्वान पालते बालों वाले,
बौने बने बड़े मन वाले,
जो थे राह दिखाने वाले,
भटक गए हैं बीहड़ वन में।
मैना चीख रही उपवन में।।

ऋतुराज

चारों ओर हरियाली है,
नए फूल नहीं डाली है
झूम रहा हर पत्ता-पत्ता,
प्रकृति में खुशहाली है
पतझड़ का करके अंत
देखो आया ऋतुराज वसंत।

प्रकृति का यौवन निखरे,
खुशियों के अमृत बिखरे
रंग बिरंगे फूल खिले,
जीवन को नव रक्त मिले
पीछे छूट गया हेमंत
देखो आया ऋतुराज वसंत।

नई उमंगे, नई तरंगे,
लेकर नए-नए त्यौहार,
सुप्त धमनियों में मानव के,
करता नया रक्त संचार
ऊर्जा जग में भरे अनंत
देखो आया ऋतुराज वसंत।
प्रेम के इस पावन मौसम में,
प्रेम के गीत सुनाए हम
रंगों के त्यौहार का मौसम,

दुनिया रंगीन बनाए हम
करें प्रेम का दीप ज्वलंत
देखो आया ऋतुराज वसंत।

फूल सुनहरी धूप खिली,
बागों में कोयल बोली
बनी धरा जैसे दुल्हन,
सजी धजी इसकी डोली
खुशियों की सौगात अनंत
लेकर आया ऋतुराज वसंत।

गांव भी तो

अमृत से बोल भी अब जहर हो गए हैं,
तम के समान सारे पहर हो गए हैं
कहां बनाएं अपना बसेरा यारों,
गांव भी अब तो शहर हो गए हैं।

हर घड़ी में जहां उम्मीद होती थी,
हर दिन जैसे ईद होती थी
अब तो कहीं भी सो जाते हैं,
तब मां के आंचल में पूरी नींद होती थी।

वक्त बदला बदल हमारे विचार गए,
सच की खातिर लड़ने वाले भी हार गए
बड़े गर्व से जिन्हें अपना कहते थे,
उन्हीं के कारण वे स्वर्ग सिधार गए।

बेगाने से अब घर हो गए हैं,
भाई वह दुश्मन सब बराबर हो गए हैं
जख्म के गड्ढे भी नहर हो गए हैं,
गांव भी अब तो शहर हो गए हैं।

कोई न दूजा

जब सो रहा था रातों को मैं,
मेरे चैन की दुआ कर रहा था कोई
जब जा रहा था निवाला मुंह में,
अपने आप को तड़पा रहा था कोई

जब नन्हे पग ज़मीं को छूने लगे,
अपने आप को घुटनों पर चला रहा था कोई
नासमझ था दुनिया के लिए मैं,
फिर भी अपना अभिमान जता रहा था कोई

अपनी हैसियत से ज्यादा मांग रहा था मैं,
उसे भी छोटी सी ख्वाहिश बता रहा था कोई
कोई फरिश्ता नहीं था भगवान का वो,
वह पिता था जिसके जैसा ना दूजा कोई।

अपने कंधे पर बैठाकर मुझे,
नई दुनिया दिखला रहा था कोई
फिर भाग कर पीछे पीछे मेरे,
दौड़ना मुझे सिखा रहा था कोई

जब गिरा जमीन पर मुंह के बल मैं,
तब हाथ पीछे हटा रहा था कोई
बेरहम दिल नहीं था वह,
मुझे गिरकर उठना सिखा रहा था कोई

पत्थर रखकर दिल पर अपने,
जिंदगी जीना सिखा रहा था कोई
अद्वितीय है पूरी दुनिया में जो,
वह पिता है जिसके जैसा ना दूजा कोई।

देखा है

उसे देखा है
सुबह उठते हुए,
अंगड़ाई लेकर
आंखें मलते हुए।
बिखरी जुल्फों को
सवारने लगती है,
छत पर कुछ
गुनगुनाते हुए।
मैं बेसुध सा उसे
देखता रहता हूं,
इसकी मासूम सी
अदा को बिखरते हुए।
धड़कन तब और भी
तेज हो जाती है मेरी,
जब मुझे देखती है वह
शर्माते हुए।
मेरी चाहत को है
उसकी चाहत की आरजू,
यूं ही देखता रहूं मैं
उसे हंसते मुस्कुराते हुए।

पाठक समीक्षा

पाठक समीक्षा

9 789354 728068

Printed by Libri Plureos GmbH in Hamburg,
Germany